中华人文精神读本 珍藏版

本书由北京人民广播电台"悦库时光"播讲

扫描下方二维码可收听音频

撰稿人

周雁翎　周志刚　刘　军
郭　莉　韩文君

中华人文精神读本

珍藏版

中

汤一介 主编

北京大学出版社
PEKING UNIVERSITY PRESS

图书在版编目（CIP）数据

中华人文精神读本：珍藏版.中/汤一介主编.—北京：北京大学出版社，2019.6

ISBN 978-7-301-30514-0

Ⅰ.①中… Ⅱ.①汤… Ⅲ.①中华文化—通俗读物 Ⅳ.①K203-49

中国版本图书馆CIP数据核字（2019）第091491号

书　　　名	中华人文精神读本（珍藏版）中 ZHONGHUA RENWEN JINGSHEN DUBEN（ZHENCANG BAN）ZHONG
著作责任者	汤一介　主编
策划编辑	周雁翎
责任编辑	王　彤
标准书号	ISBN 978-7-301-30514-0
出版发行	北京大学出版社
地　　　址	北京市海淀区成府路205号　100871
网　　　址	http://www.pup.cn　　新浪微博：@北京大学出版社
微信公众号	通识书苑（微信号：sartspku） 科学元典（微信号：kexueyuandian）
电子邮箱	编辑部 jyzx@pup.cn　　总编室 zpup@pup.cn
电　　　话	邮购部 010-62752015　　发行部 010-62750672 编辑部 010-62750539
印　刷　者	涿州市星河印刷有限公司
经　销　者	新华书店
	787毫米×1092毫米　32开本　7印张　90千字 2019年6月第1版　2025年5月第4次印刷
定　　　价	38.00元

未经许可，不得以任何方式复制或抄袭本书之部分或全部内容。
版权所有，侵权必究
举报电话：010-62752024　电子邮箱：fd@pup.cn
图书如有印装质量问题，请与出版部联系，电话：010-62756370

代序

"观乎人文,以化成天下"

汤一介(北京大学教授)

中国传统中,对人文精神和人文教育特别重视。我国古老的经典《周易》说:"观乎人文,以化成天下。"(《贲·彖辞》)意思是说,观察人类文明的进展,就能用人文精神来教化天下。可见我们的老祖宗已经非常重视用人文精神来进行教化了。所谓人文教化,就是用人文精神教化人。那么,人文精神从何而来?照《周易》看,它是在人类历史文化的发展过程中逐渐积累起来的。在我国历史发展中积累了许多用人文精神对人们进行教化的宝贵经验,这些无疑是我们宝贵的财富,应当受到珍视。例如我国伟大的思想家、教育家孔子所说:"德之不修,学之不讲,闻义不能徙,不善不能改,是吾忧也。"不修养德性,不讲究学习,听到符合道义的话而不能跟着做，有了过错而不知、不改过，这些都是孔子所忧虑的。孔子这段话可以说是对我国古代人文教化的很好的总结。我们这个民族的人文精神是什么？我想就是孔子说的要讲道德、讲学问，要使自己的行为符合道义，要勇于改正自己的错误。一句话：受教育，学知识，首先要学会"做人"。

在当今科学技术高度发展的情况下，我们必须注意到，科学技术虽然可以造福人类社会，但也可能严重地危害人类社会。今天，我们可以看到，有些科技的利用（甚至它们的发展）并不都能造福人类，例如克隆"人"的问题，生化武器用于战争，等等。那么，我们应如何引导科技的发展呢？这应该是非常重要的问题。同时，我们还可以看到，由于金钱和不正当权利的诱惑，当前存在着严重的不顾"道义"的乱状，用非常不道德、损人利己的手段"争权夺利"，致使人们失去了理想，丧失了良心，使人类社会成为无序的、混乱不堪的社会。我想，当前我们必须用人文精神来引导人们的思想和行为。那么，什么是人文精神？这可能是个

"仁者见仁,智者见智"的问题。从我国历史来看,孔子的"仁学"也许可以说是一种人文精神的代表。他的"仁学"当然是包含了上面所说的"修德""讲学""徙义""改过"等。但我想,最根本的是要有一种"爱人"的精神。

那么,我们从何处去了解、体会孔子的"爱人"的人文精神呢?我认为,最好的办法是读《论语》。《论语》不仅记载了孔子的言论(他的思想),而且可以从中看到他的为人行事。这里我只想说一点我对孔子"爱人"的人文精神的体会。《论语》记载,樊迟问"仁",孔子回答说:"爱人。"这种"爱人"的思想从何而来?在《中庸》里有孔子的一句话:"仁者,人也,亲亲为大。""仁爱"的精神是人自身所具有的,而爱自己的亲人是出发点,是基础。但"仁"的"爱人"精神不能停止于只爱自己的亲人,郭店楚简中说:"亲而笃之,爱也;爱父,其继爱人,仁也。"笃实地(实实在在地)爱自己的父亲,这只是爱;扩大到爱别人,这才叫"仁"。又说:"孝之施,爱天下之民。"对父母的孝心要放大到爱天下的百姓，才叫"仁"。这就是说，孔子儒家的"仁学"，必须要由"亲亲"（爱自己的亲人）扩大到"仁民"（对百姓有"仁爱"之心）。也就是说，做什么都要"推己及人"，要做到"老吾老以及人之老，幼吾幼以及人之幼"，才叫"仁"。做到"推己及人"并不容易，必须把"己所不欲，勿施于人""己欲立而立人，己欲达而达人"作为"为仁"的准则。如果要把"仁爱"精神推广到整个社会，这就是孔子说的"克己复礼为仁。一日克己复礼，天下归仁焉。为仁由己，而由人乎哉？"有的学者把"克己"与"复礼"解释为平行的两个方面，我认为这不是好的解释。所谓"克己复礼为仁"，是说只有在"克己"（克制自己的私欲）基础上的"复礼"才叫"仁"。

费孝通先生对此有一解释，我认为很有意义，他说："克己才能复礼，复礼是进入社会，成为一个社会人的必要条件。扬己和克己也许是东西文化差异的一个关键。""仁"是人自身内在具有的品德，"礼"是规范人们的社会行为的外在的礼仪制度，它是为了调节社会中的人与人之间的关系，使之和谐相处，"礼之用，和为贵"。要人们遵守礼仪制度，必须出乎人的自觉的"仁爱"之心（内在的真诚的"爱人"之心），这才符合"仁"的要求，所以孔子说："为仁由己，而由人乎哉？"对"仁"与"礼"的关系，孔子有非常明确的说法："人而不仁，如礼何？人而不仁，如乐何？"没有"仁爱"之心，"制礼作乐"只是一种形式，甚至可以是为了骗人的，它是虚伪的。所以，孔子认为，有了出自真诚的"仁爱"之心，并把它按照一定的规范实现于日常社会生活之中，这样社会就会和谐安宁了，"一日克己复礼，天下归仁焉"。如果我们把《论语》中这种"仁爱"精神，结合现实存在的问题，结合学生的思想状况，通过阅读文化典籍，使之了解中国文化精神，而且要对孔子儒家思想"仁爱"的内在精神产生一种感情上的共鸣，诵读一些古典名著的名篇、名句非常必要，最好能背诵。诵读可以起到"以情化理"的作用，使之成为日常生活的准则，这将是一生受用不尽的。费孝通先生提出"文化自觉"的问题。这就是说我们应该对自身文化的来历、形成的过程以及其特点（包括优点和缺点）和发展的趋势等能做出认真的思考和反省，我认为这非常重要。而"文化自觉"也许最主要的就是通过阅读或诵读文化经典才能得到。例如我上面举的孔子"仁学"的例子，我们必须读孔子的《论语》以及其他一些儒家典籍才能得到"仁学"的真精神。我想，阅读我们的文化经典以提高我们的人文素养，决不能把它和阅读其他民族和国家的重要经典分割开来。我们知道，今天的中国已不是古代的中国。今天的中国是在经济全球化、科技一体化、信息网络的世界大环境之中，世界已经连成一片，像是一个地球村。因此，我们也不能不了解其他民族和国家的文化，而且对我们自身文化精神的了解也离不开对其他民族和国家文化的了解，"不识庐山真面目，只缘身在此山中"。如果我们能从"他者"的角度来看我们的文化，一方面，可以加深我们对自身文化的理解，而更加珍视我们自己的文化传统；另一方面，也可以在比较中发现我们自身文化的不足，使我们能够自觉地吸收其他民族的文化，以滋养我们自身的文化。因此，在提倡诵读我们自己的文化经典的同时，也应该引导青年学生诵读一点其他民族文化的经典。我们可不可以让学生读一点柏拉图的著作,例如柏拉图《理想国》的片段?柏拉图认为:"善的生活里表现出来的特性是:(1)适度;(2)均衡,美,完整;(3)理性与智慧,亦即真理;(4)知识,技术,正确的判断;(5)不伴有痛苦的纯粹快乐,以及适宜的食欲满足感。"这样的思想可能对我们有启发。我们也可以读一点《圣经》,例如耶稣的"登山训诫"(见《马太福音》第五章)。当然还可以选读其他一些西方经典片段,也可以选读一些印度经典(如《奥义书》和佛典)和伊斯兰教《古兰经》的片段等。有些经典最好读英译本,这样可以帮助我们更好地掌握一门外语。我们应让我们的青年学生眼界开阔一点,用一句套话就是"胸怀祖国,放眼世界"。祖国的繁荣富强要靠青年人的智慧眼光,世界的前途也要靠青年人的智慧眼光。而这些都要求我们的青年学生有"文化自觉",而"文化自觉"一定要通过对文化经典的掌握,才能有良好的人文素质。这应是我们做老师的对他们进行人文教育的不可推卸的责任。

目录

第一单元　民惟邦本　人民是国家的根基

- 休养生息 ········· 004
- 民惟邦本 ········· 006
  - 晏子为民造福
- 民贵君轻 ········· 010
  - 刘备以民为贵
- 载舟覆舟 ········· 014
  - 民心不可违
- 富之教之 ········· 019
  - 富民兴邦，文教兴国
- 以人为本 ········· 023
  - 文景之治
- 与民休息 ········· 027
  - 唐太宗减轻百姓负担

第二单元　无信不立　诚信是社会生活的普适法则

- 古人的盟誓 ········· 034

诚信为本……………………………………… 036
    周幽王烽火戏诸侯

言而有信……………………………………… 040
    晋文公谨守诺言

言信行果……………………………………… 043
    梁颢说话算数

无信生患……………………………………… 046
    季布一诺千金

曾子无戏言…………………………………… 049
    商鞅移木立信

第三单元　和而不同　人类需要和谐与宽容

盛唐气象……………………………………… 054

德莫大于和…………………………………… 056
    文化使者文成公主

亲仁善邻……………………………………… 060
    善待他人就是善待自己

有容乃大……………………………………… 063
    子产不毁乡校

万物并育···066
　百家争鸣
和实生物···069
　和而不同

第四单元　**明理尚礼**　礼仪之邦的社会理想

📖 中国为什么被称为"礼仪之邦"··············074

人禽之辨···076
　晏子重礼
道德仁义，非礼不成·······························080
　叔孙通制礼
礼义之始···084
　孔子守礼
立爱立敬···088
　黄香温席
冠礼祝辞···091
　嬴政加冠
用餐礼仪···096
　文雅进餐

第五单元　投桃报李　深挚的感恩之情

- 社　日 ······················· 102
- 一饭之报 ······················· 104
  - 知恩图报
- 不可忘者 ······················· 108
  - 感恩与施恩
- 游子吟 ······················· 112
  - 感恩父母
- 社　稷 ······················· 115
  - 大自然的恩赐

第六单元　志同道合　珍贵的朋友情谊

- 古　琴 ······················· 122
- 益友损友 ······················· 124
  - 交友之道
- 高山流水 ······················· 128
  - 知己可贵
- 代友受过 ······················· 133
  - 重情重义

临危护友·· 137
　　患难与共

第七单元　杨柳依依　悠悠的离情别绪

　🅢 古人的名和字·· 144
　芙蓉楼送辛渐·· 146
　　平明送客楚山孤
　送友人·· 149
　　孤蓬万里征
　喜见外弟又言别·· 153
　　秋山又几重
　卜算子·送鲍浩然之浙东······························ 157
　　又送君归去

第八单元　东望故园　绵长的乡情乡思

　🅢 思乡诗词·· 162
　悲　歌·· 164
　　远望可以当归

005

月夜忆舍弟 ·· 168
　月是故乡明

秋　思 ··· 173
　欲作家书意万重

长相思 ·· 177
　无尽的乡愁

第九单元　心怀天下　赤诚的爱国之心

🔊 中华民族 ·· 182

苏武牧羊 ·· 184
　固守气节的苏武

卜式捐财 ·· 187
　小家与大家

满江红 ·· 191
　精忠报国的岳飞

十一月四日风雨大作 ··································· 195
　心系祖国的陆游

第一单元

民惟邦本
人民是国家的根基

- 民惟邦本
- 民贵君轻
- 载舟覆舟
- 富之教之
- 以人为本
- 与民休息

休养生息

"休养生息"是我国古代一项非常重要的经济政策,"休养"就是指休息调养,"生息"指人口繁衍。每当经历了长期的战争或社会大动荡之后,经济遭到严重破坏,人口大量减少,人民生活十分贫困,古代的统治者便会采取"休养生息"的政策来减轻人民负担,安定生活,恢复经济。

以农为本、鼓励耕种是"休养生息"政策的重要组成部分。中国是一个农业古国,农业是国家的根本,是人民生活的保证,因此历朝历代的统治者都相当重视农业生产。

古代盛行的"籍田"与"祀先农"之礼就体现了君王躬耕亲民的思想。"籍田"礼仪包括行籍礼和天子亲耕两方面。籍礼是祭祀农神、祈求丰收的礼仪,一般在春天举行。

历代帝王都遵循籍田礼,仪式也很隆重。南北朝时,在都城的先农坛北面建立了御耕坛,供皇帝观看农夫耕种的场面，宋代以后称为观耕台。明清时期的先农坛在北京的正阳门外，东南方有观耕台，附近又有神仓等建筑。

历史上很多皇帝，如明太祖、康熙、乾隆等，都亲自耕作，举行籍田之礼。雍正皇帝还将籍田之礼推行到州、县，这一制度一直沿袭到清朝末年。

我国古代的"籍田"与"祀先农"之礼历史之久，范围之广，影响之深，都无与伦比。在以农为本的古代中国，这是历代帝王借重农神的感召力，亲劝农耕、兴农固本的一项具有积极意义的举措。

先农坛

民惟邦本

民惟邦本①,本固邦宁。

《尚书·五子之歌》

注解

① 本:根本。

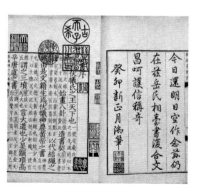

《尚书》书影

听老师讲

晏子为民造福

"民惟邦本"是华夏的一条古训,意思是说:人民是国家的根基,只有根基稳固了,国家才能安宁。在一个国家里,人民是最基本的,只有人民过上安居乐业的生活,国家才会有安定团结的局面。

这句名言背后有着怎样的故事呢?相传大禹传位给启,启传位给太康。太康自从登上帝位之后,只顾饮酒打猎,不理朝政。有一次,太康带着亲信浩浩荡荡去洛水北岸打猎,一去就是三个多月。这时,有穷国诸侯后羿看到老百姓已经到了忍无可忍的地步,就乘机起兵,废了太康,历史上称之为"太康失国"。太康的母亲和太康的五个弟弟聚在一起,做了一首歌来追忆他们的祖父禹的功绩和品德,这首歌就是著名的《五子之歌》。

"民惟邦本"的思想后来成为中华民族传统的治国思想。春秋时代齐国的名相晏婴是中国古代著名的政治家,他有句名言:"以民为本也。"他十分关心民生疾苦,对人民怀有深切的同情心,为人民做了不少好事。

有一次，晏婴陪同齐景公出去巡游，在路边看见一些冻死饿死之人的尸体。齐景公见了居然无动于衷，毫不关心。晏子十分气愤，严肃地说道："从前桓公出游时，看到饥饿的人就分给他们粮食，看到生病的人就分给他们钱财，老百姓听说他要来巡游，都十分高兴。而如今大王您巡游，看到百姓冻死饿死居然不闻不问，这哪像个国君的样子！我真害怕这样下去，国家将不再是您的国家，您的王位也要被异姓的人夺去。"齐景公听了这话有所触动，于是就派人收殓了尸体，给当地人发放救济粮，并免除了他们一年的徭役。

有一次，齐景公提出要为晏子增加俸禄。晏子辞谢道："大王喜欢修造宫室，把百姓的力气都用尽了；喜欢游玩，购买奇珍异宝装饰身边的女子，把百姓的财富都花光了；喜欢出兵打仗，老百姓都死得差不多了。我怎么还敢接受增加的俸禄？"齐景公明知这些话都是在说自己，却仍然厚着脸皮说："人人都喜欢荣华富贵，难道丞相您就不喜欢？您还是说说看，我怎么样给您增加俸禄吧。"晏子叹了口气说："好吧，我提三条要求：第一，请不要再向做生意的人征收重税;第二,把农民的租税减少到十分之一;第三,减轻刑罚,所有被判刑的人都减罪一等。如果大王您能满足这三条要求,就算是给我增加俸禄了。"晏子提出三条要求,都是为了老百姓,没有一条是为他自己。晏子就是这样,怀着爱国爱民的情怀,为老百姓谋福利。

可见,中华民族的祖先早已经深刻地领悟到这样一个真理:国家的根基在于人民。如果把国家比作一座大厦,那么民众就好比是这座大厦的基石。只有基石稳固了,大厦才能坚如磐石,稳如泰山。

据说景公想重用孔子,晏婴反对,于是孔子离开了齐国。

民贵君轻

民为贵,社稷①次之,君为轻。

《孟子·尽心下》

注解

① 社稷:指国家。

孟 子

听老师讲

刘备以民为贵

这是孟子所说的一句名言,意思是说:就重要性而言,人民最为宝贵,其次是国家,最后是君主。

孟子积极倡导以民为贵的思想,他还说:"天是通过人民的眼睛来看,天是通过人民的耳朵来听。"可见,在他的心目中,人民是国家的基础。

在历史的长河中,有一位君王可谓是以民为贵的典范。他一生都爱民保民,在万分危急的关头,他冒着生命危险也坚持保护百姓。他就是三国时期的刘备。刘备,字玄德,涿郡(今河北涿州)人,三国时期蜀汉的建立者,相传是汉景帝之子中山靖王刘胜的后代。

刘备宽容仁厚,爱民如己,千百年来传为美谈。其中最感人的要数"刘玄德携民渡江"这个故事了。当时,刘备驻扎在樊城,忽然听说曹操率领大军前来,气势汹汹。刘备军队兵力不足,加上樊城的城墙不够高,护城河不够深,诸葛亮估计抵挡不住曹操的大军,便劝刘备放弃樊城,渡过汉水,往襄阳撤退。

刘备不忍心抛弃跟随他的百姓，就派人在城里到处发布通告："曹操的军队快要打过来了，樊城将要守不住了，百姓们谁愿意追随刘备的，可以一起过江。"通告一出，城里的百姓明知跟随刘备会有危险，却仍然齐声高呼："我们宁愿死，也要追随使君！"襄阳城中的百姓，也有很多乘乱逃出城来，跟随刘备一起撤退。

刘备命令关羽在江边整顿船只，百姓们拖家带口，扶老携幼，哭着向刘备的军队跑过来，两岸哭声不绝于耳。刘备在船上看到了这样凄惨的景象，心中十分悲痛，大声哭着说："为了我一个人，让城中的百姓受到这样的痛苦，我还有什么脸面活在世上！"说完，就要投江自尽。手下的人急忙抱住他，苦苦哀劝。随从们见到此情此景，一个个都痛哭起来。

刘备到了南岸，回望江北，看到还有不少百姓没有渡江，他们都朝着南面招手呼号。刘备急忙命令关羽派出船只去渡百姓过江。直到百姓快渡完了，刘备方才上马离去。

后来，曹操的军队就快追上来了，很多人都劝刘备说："暂时把百姓留下，您先走最重要。"他却哭着说："做大事的人一定要以人为本，现在人们都归顺我，我怎能弃之不顾呢！"祸在眉睫，随从简雍又劝他："现在到了生死存亡的关头，主公您应该在今夜迅速离开这里，不能再管百姓了。"刘备还是说："百姓一路跟随我到这里，我怎么忍心抛弃他们呢！"就这样，刘备带着数万民众，缓缓而行，每天只能行军十几里。在大难临头的危急时刻，他始终没有抛弃百姓。

正因为刘备有一颗仁慈爱民之心，为了百姓而置自身安危于不顾，才在战乱中赢得了百姓的真心归附。

载舟覆舟

君者，舟也；庶人①者，水也。水则载舟，水则覆舟。

《荀子·王制》

注解

① 庶（shù）人：老百姓。

隋文帝

| 听老师讲

民心不可违

"载舟覆舟"这个形象而巧妙的比喻早在战国末期就由荀子提出来了。荀子名况,字卿,战国末期赵国人,是著名思想家、文学家、政论家,儒家思想的重要代表人物之一。

这句话的意思是:君王好比是船,百姓好比是水。水既能使船安稳地航行,也能使船沉没。从这句名言演化出了成语"载舟覆舟",比喻人民是决定国家兴亡的主要力量,民心的向背决定了国家的生死存亡。

翻开中国的历史,"载舟覆舟"的例子不胜枚举,其中隋文帝和他的儿子隋炀帝的故事就能充分印证《荀子》中的这句话。

隋文帝杨坚是隋朝的开国皇帝,他吸取了北周亡国的教训,所以很注意安抚民心。他经常说:"普天之下,都是我的臣民,我要抚育他们,用仁孝来对待他们。"可见他有一颗爱民之心。

隋文帝留意民间疾苦。有一年,关中闹饥荒,隋文帝亲自去察看灾情。看见百姓吃的都是豆粉拌糠，他就拿来给大臣们看，一边流着眼泪一边说："都是我没有能力，没有把国家治理好，让老百姓受苦。"于是他下令，在整个饥荒期间，取消精美的膳食，自己和大臣们都不许吃肉喝酒。他又带着灾民到洛阳去吃饭，下令卫士不得驱赶百姓。当他遇见扶老携幼的人们，就自己把马车拉开，给百姓让路，悉心安慰他们。每当走到崎岖难行的地方，隋文帝还命令左右的侍卫扶助、照顾挑担的人们。

隋文帝对百姓还十分宽容。一次，齐州有个叫王伽的小官押送七十多个罪犯去京城长安。走到荥阳的时候，王伽见这些罪犯头顶烈日，脖子上套着枷锁，流露出痛苦的神色，便对他们说："你们犯了国法，受到处分，这是罪有应得。可是，你们给押送你们的人添了很多麻烦，让他们陪着你们风吹日晒，你们忍心吗？你们自己戴着枷锁，走这么长的路，也不容易，我想把你们的枷锁去掉。咱们约定时间，到长安城门前集合，你们能做到吗？"罪犯们都很感动，一齐跪在王伽面前说：

"大人的慈悲,我们终生难报。"王伽便把罪犯们放了,自己带着随从向长安进发。约定的日期到了,罪犯们都按时来到城门前,一个也不缺。隋文帝听说这件事以后,不但没有责备王伽,反而马上召见他,对他大加赞赏。隋文帝还把罪犯们召进宫里,设宴招待他们,赦免了他们的罪行。随后,他又下了一道诏书,要求各级官吏学习王伽,要感化百姓、宽容百姓。

开明君主无不希望百姓安居乐业。

正是因为宽仁爱民，隋文帝在位期间，国家安定，政府的粮仓存得满满的，百姓们生活很富足。

可隋文帝的儿子隋炀帝杨广即位以后，情况就大大不同了。他喜欢奢侈享乐，整天驱赶着百姓给他建造宫殿，很多百姓都被活活累死了。他三次下扬州游玩，每一次都浩浩荡荡，逼着百姓给他奉上山珍海味，他和后妃大臣们就在大龙船上饮酒作乐。后来，人们再也不堪忍受了，全国各地都燃起了农民起义的熊熊烈火。不久，隋朝就被推翻，隋炀帝也被人勒死了。

回想隋朝的故事，我们耳边仿佛又响起那句老话：得民心者得天下，失民心者失天下。是的，民众的力量是无穷无尽的，既可以把船浮起，也可以把船打翻。如果失去了人民的支持，那么君王的尊崇地位就会岌岌可危，摇摇欲坠，国家这座大厦也会失去根基，走向动荡、衰败甚至崩溃。

富之教之

子适卫,冉有仆①。子曰:"庶②矣哉!"冉有曰:"既庶矣,又何加焉?"曰:"富之。"曰:"既富矣,又何加焉?"曰:"教之。"

《论语·子路》

注解

① 仆:驾车。
② 庶:众多。

古代马车

听老师讲

富民兴邦,文教兴国

这是《论语》中一段十分著名的问答,可以说是千古经典。

这段话的大意是,孔子到卫国去,弟子冉有驾车。孔子说:"这里人口很多啊!"冉有说:"人口繁衍众多以后,再进一步做什么呢?"孔子说:"要使人们富裕起来。"冉有说:"人们富裕起来以后,再进一步做什么呢?"孔子说:"使人们接受(礼义的)教育。"

孔子在这里强调一个道理:一个国家的政治、经

冉有

济、文化要协调发展。第一步，统治者要努力使人民过上富裕幸福的生活。第二步，人民的生活富裕之后，就要用礼乐来教化人民，使人民明白事理，懂得礼义。这就是孔子心目中理想的治国方案。

汉朝初期的"文景之治"是历来被人们称道的太平盛世，其间汉景帝的治国策略与孔子的思想可谓不谋而合。首先，汉景帝鼓励农业生产，他允许居住在土壤贫瘠地方的农民迁徙到土地肥沃、水源丰富的地方，还把土地租给那些没有土地或土地很少的农民。景帝还实行轻徭薄赋（减轻税收和兵役、徭役）的政策，把税收减少到原来的一半。由于采取了这些措施，社会经济很快恢复了，百姓们过上了安居乐业的生活。

社会经济的发展，为国家的教育事业做了充分的准备。当时，从景帝到地方官员都十分重视教育。其中，文翁办学的故事传为美谈。文翁创造了很多个"第一"，比如，他建立了中国第一所"公立学校"，他是第一任"校长"，培训了中国第一批"专任教师"，还是第一个推行助学优惠政策的人。

文翁名党，字仲翁，是西汉庐江郡人。他少年时好学不倦，曾经到京城长安读过书，精通《春秋》，景帝末年出任蜀郡（今四川）太守。

文翁看到当地人民还保留着蛮夷的风俗，没有受到儒家文化的熏陶，就下决心要改变这种状况。为了解决教育经费的问题，他从自身做起，过着艰苦的生活，把节省下来的每一笔钱都用在教育上，终于凑齐了培训第一批教师的费用。

办学校还需要校舍。文翁想到了一个好方法，他在成都的集市中用当地最多最常见的石头垒起石屋，这样花费就比较少。后人将这座校舍称作"文翁石室"。简陋的石室中书声琅琅，学习风气异常浓厚。汉武帝时的大文豪司马相如就是石室的学生，后来还在石室任教呢。

以人为本

国以人为本,人以衣食为本。

《贞观政要·务农》

汉文帝

> 听老师讲

文景之治

这句名言是唐太宗李世民说的。贞观二年，唐太宗和大臣们在一起讨论国家的根本问题，对大臣们说了这样一席话。这句话的大意是：国家要以人民为根本，人民以衣食为根本。

历代贤明的君主都对民生非常重视，把重民生、重农耕作为治国的基本思想。尤其是当一个王朝开国的时候，社会刚刚安定，民生比较艰难，君王们大都会采取休养生息的政策。

西汉建立时，由于刚刚经过了秦末农民战争和四年的楚汉之争，百姓的生活十分贫困。汉文帝刘恒即位后不久，就连续下了两道诏书，表达了自己爱护百姓、体恤民情、关心老人的意愿。他要求各县管理民政的政府机关对八十岁以上的老人，每人每月可以赐给米一石、肉二十斤、酒五斗；九十岁以上的老人，每人再加赐丝帛二匹、棉絮三斤。赐给九十岁以上老人的物品，必须由县丞（职权次于县令）或者县尉（次于县丞）送达；

其他的由乡里的官吏来送达。汉文帝还是历史上有名的孝子，他为母亲亲尝汤药的故事成为"二十四孝"故事之一。更可贵的是，他也把爱心奉献给了天下的老人。

汉文帝还多次命令地方官吏，要积极鼓励农业生产，对那些努力耕田种桑的人要给予奖励。他下诏说，农业是天下的根本，治理国家没有比它重要的了。他减轻了田租，把原来的十五税一（将收成的十五分之一征收为田税）的税制，改为三十税一，有时甚至免除农民的田租。汉文帝还和皇后一起亲自下地劳动，种田养桑。

汉文帝非常孝敬自己的母亲，母亲生病时，他亲尝汤药。

汉文帝在历史上是一个以节俭著称的皇帝。他要求各级地方官吏俭朴节省，防止扰民。文帝在位二十多年，一直很节俭，和百姓们同甘共苦。宫苑都是使用以前留下来的，从来不嫌简陋。他本来想造一座供宴会游玩的露台，但看到预算需要花费百金，就说道："这等于十户中等人家的财产，我用先帝的宫殿就觉得很奢侈了，露台就不用建了。"便取消了营造露台的计划。

汉文帝的儿子景帝刘启继承了父亲的传统，也关爱人民，以身作则。他下诏说，农业是天下的根本，黄金珠玉，饿了不能吃，冷了不能穿，都比不上谷物和丝麻。他把三十税一定为正式的田租制度。

在汉文帝和汉景帝的正确决策下，经过百姓们几十年的辛勤劳动，到景帝末年武帝初年，社会稳定，政治清明，百姓过上了安居乐业的好日子。

与民休息

从来与民休息,道在不扰,与其多一事,不如省一事。朕观前代君臣,每好大喜功,劳民伤财……虚耗元气,上下讧嚣①,民生日蹙②,深可为鉴。

《康熙政要·论君道》

注解

① 讧(hòng)嚣(xiāo):争扰忙乱。
② 蹙(cù):困苦。

帝舜像。孔子称赞舜能够无为而治。

> 听老师讲

唐太宗减轻百姓负担

这段话出自《康熙政要》，是康熙治国策略的总结，集中体现了康熙的治国精神。

康熙全名叫爱新觉罗·玄烨，是顺治帝福临的第三个儿子，清入关后第二代皇帝，庙号清圣祖。他自幼勤奋好学，博览群书。他八岁即位，十四岁亲政，在位六十一年，一生兢兢业业，勤政爱民，是清代颇有作为的好皇帝，在中国历史上也是最受景仰的皇帝之一。

康熙帝玄烨

这段话的大意是：自古以来，让百姓休养生息，方法就是不去扰乱他们的生活，与其多一事，不如少一事。我观察前代的君主和臣子们，大多好大喜功，劳民伤财……以致白白损耗国家的实力，上下一片忙乱，使人民生活日益艰难，这一点是要引以为鉴的。

这段话主要阐述了"与民休息"的思想。所谓"与民休息"，就是让百姓休养生息，统治者通过轻徭薄赋、奖励生产、减轻刑罚、提倡节俭等措施，来减轻百姓的负担，使社会获得安定，经济恢复发展。

唐太宗李世民

一代明君唐太宗就十分重视"与民休息"。唐太宗早年辅佐他父亲李渊推翻了隋朝，他对隋朝从兴盛走向灭亡的过程记忆犹新，他即位以后，一直把"与民休息"铭记在心头。

有一次，唐太宗和左右的大臣讨论国家大事，唐太宗深有感触地说："皇帝依赖于国家，国家依赖于人民。如果强迫百姓侍奉皇帝，就等于割下自己的肉填饱肚子，吃饱了，也死了，皇帝富裕了，国家也灭亡了。所以，皇帝的忧患不是来自于外面，而在于自身。如果皇帝欲望多，那么花费就高，开支就大，百姓的赋税就重，因此就会十分困苦，这样国家就危险了，皇帝也就当不成了。我常常这样想，因此不敢放纵自己的欲望。"

唐太宗也不忘用"与民休息"的思想来教育太子李治。一天，唐太宗在吃饭时语重心长地对太子说："你知道这饭的道理吗？耕种粮食十分艰难，都是出自人民的辛勤劳动。不占用他们农业生产的时间，才能有饭吃啊。"一次骑马时，太宗又对太子说："你知道这马的道理吗？马能载人，能使人免于走路的辛苦，我们要让马儿休息，不能把它们的力气都用完，这样就可以经常有马骑了。"

无论是和大臣们商量国家大事，还是平日里教育太子，唐太宗的一言一行都流露着爱护百姓、与民休息的思想和精神。在这种思想的指导下，唐朝出现了著名的"贞观之治"，在历史上留下了浓墨重彩的一笔。

阎立本《步辇图》中的唐太宗

第二单元

无信不立

诚信是社会生活的普适法则

- ◎ 诚信为本
- ◎ 言而有信
- ◎ 言信行果
- ◎ 无信生患
- ◎ 曾子无戏言

古人的盟誓

长久以来,"一诺千金"一直是中国人的传统美德。古人把信义看得很重,诚信是最重要的道德标准之一。

中国古代有一种特殊的确保诚信的制度——盟誓制度,用来约束人们遵守诺言,坚守信义。

盟誓制度起源很早,一般认为盟誓是从原始的诅誓咒语分化出来的。远古时代的人们在日常生活中有了某个约定,就会一起发誓。后来,氏族与氏族之间、部落与部落之间达成了某个约定,为了取信于对方,也采用这种方式。他们对着神灵做出保证,表示一定会遵守诺言。这样,神灵就成了他们起誓的见证人和监督人。

在没有文字之前,誓约是口头上说的;文字产生以后,誓约就被记录下来,作为凭据,由此形成了正式的盟誓制度。

古代誓约中的一项重要内容,就是规定不守信用的人将会受到的惩罚,一般是由神灵降下灾难。比如《左传·僖公二十四年》记载了这样的誓词:"所不与舅氏同心者,有如白水。"意思就是说,如果我不和舅舅同心协力,就以这白水中的河神为证,听从河神的惩罚。

古人的盟誓制度还包括一整套隆重的仪式。春秋时期盟誓的礼仪程序一共包括十项,比如写下文字盟书、盟主"执牛耳"、取其血、歃(shà)血等等,所以后世经常说"歃血为盟",可见古人对盟誓仪式是非常重视和虔诚的。

侯马盟书

诚信为本

子曰:"人而无信①,不知其可也。"

《论语·为政》

注解

① 信:诚信,讲信用。

法国人想象中的"烽火戏诸侯"

听老师讲

周幽王烽火戏诸侯

这段话出自《论语》，意思是说，一个人不讲信用，真不知道那怎么能行。因为人说话不算数，就不可能得到别人的信任，无法在世上立足。

《史记·周本纪》就记载了一个不讲诚信而导致国家灭亡的故事。

周幽王是西周王朝的最后一个君王。他当政时昏庸无道，特别宠爱一个叫褒姒的妃子，什么都满足她，可是褒姒却总是不高兴，很少露出笑容。为了博得美人一笑，周幽王真是伤透了脑筋。

有一天，周幽王带着褒姒到骊山烽火台玩儿。周幽王向褒姒解释了烽火台的用途——传报战事消息。那时候，从边疆到国都，每隔五里或十里修一个高台，派士兵日夜驻守，当敌人侵犯边境时，烽火台上的士兵立刻点燃烽火，向相邻的烽火台报警，这样一路传递下去，边境发生的情况很快就能传到京城。而一旦国都受到威胁，骊山的烽火台也点燃烽火，向诸侯国传递消息，诸侯国就会立刻派兵来援助。

褒姒听后，不相信在一个高台上点把火就能招来救兵。为了讨得褒姒的欢心，周幽王立即下令，让士兵点燃烽火。烽火点燃后，各地的诸侯很快就得到了消息，以为国都受到进攻，纷纷率领军队前来救援。

可是当各路诸侯匆忙赶到骊山脚下时，却看见周幽王正和妃子在高台上饮酒作乐，根本就没有敌人，才知道自己被愚弄了。诸侯们不敢发脾气，只能悻悻地率领军队返回。褒姒看到被戏耍后一脸狼狈相的诸侯，觉得很好玩儿，忍不住微微一笑。周幽王一见宠爱的妃子终于笑了，心里痛快极了。

等诸侯们都离开以后，周幽王又让士兵点燃烽火，诸侯们又急匆匆地带着军队赶来了。周幽王和褒姒一见诸侯们又上当了，在烽火台上一起哈哈大笑。

过了不久，周幽王想立褒姒为后，立褒姒的儿子为太子。为了达到目的，他废掉了原来的申后和太子。申后的父亲是申国的国君，听到自己的女儿被废，非常生气，立刻联络别的国家，发兵攻打周朝。周幽王赶紧下令点燃烽火,召唤诸侯。

可是诸侯们已经不再相信周幽王了,任凭烽火不断,就是没有一个诸侯前来救援。很快,周朝的国都就被攻破了,周幽王被杀死,褒姒被抓走,西周就灭亡了。

由此,我们可以认识到,不管是个人还是国家,都要讲究诚信,这样才能得到别人的信任,才能在社会上立足,在世界上生存。

烽火台

言而有信

子夏曰:"与朋友①交,言而有信。"

《论语·学而》

注解

① 朋友:古代一起跟随老师学习叫朋,志同道合叫友。朋友指志同道合的同学。

子 夏

| 听老师讲

晋文公谨守诺言

这段话出自《论语》，意思是说：与人交往的时候，要说话算数，做个有信用的人。

下面我们来看一看晋文公因讲诚信而在战争中取胜的故事。

晋文公重耳即位之后，有些诸侯小国不愿臣服于他。原国虽小，可是始封之君是周文王的儿子，怎么甘愿让从国外逃亡归来的重耳做他们的霸主呢？于是不断挑衅，制造事端。晋文公决定讨伐原国。

战前，晋文公亲自部署作战方案，到士兵中做战前动员，他与士兵约定："根据我们的军事力量和原国的战斗实力，我们能够速战速决。以七天为期，降服原国。"

战争的进程却出乎意料。原国的将士在强大的晋国军队面前，英勇顽强，沉着应战，尽管他们伤亡惨重，给养困难，但仍有拼死决战的势头。

七天期限已到，原国仍未拿下。晋文公为遵守诺言，坚定地下达了撤离的命令。眼见原国已陷入绝境，军官们纷纷请求晋文公再坚持一下，大家一致表示，只要再坚持三天，原国军队就会完全崩溃，只有投降臣服的份了。而晋文公坚定地说："君主言而有信是国家得以昌盛的珍宝，也是军队能真正立于不败之地的保证。为了降服原国而失掉如此贵重的东西，合算吗？"

这一仗，晋文公虽然没有用武力征服原国，可是他言而有信、遵守诺言的名声传到了周围许多国家。

第二年，晋文公又发兵攻打原国。这一次他与士兵约定："我们必须坚持到底，彻底征服原国再返回。"

原国人听说后，知道晋文公不达目的不会罢休，于是战幕尚未拉开就投降了。而一直不肯臣服的卫国，也因此归顺了晋文公。

言而无信，就没有人相信他；言而有信，别人都会信服他。不只是要对朋友言而有信，即使对自己的对手，也要言而有信。在现代社会，信用是衡量一个人品质的重要指标，只有那些讲信用的人才能够得到别人的信任，才能获得成功的基础。

言信行果

言必信，行必果①。

《论语·子路》

注解

① 果：果决，果断。

"鼎"是古代国之重器，古代人用"一言九鼎"来表示诚信。

听老师讲

梁颢说话算数

这段话出自《论语》,意思是说,说出去的话一定做到,做事果决不犹疑。孔子本来不太认同这种态度,因为有时为了守信果决不知变通,一味强求,并不是一件好事。不过"言必信,行必果"对于今天的人而言还是极有价值的,它应该成为炎黄子孙共同推崇的道德规范。

梁颢是宋朝人,他父母早逝,由叔父收养。梁颢自幼喜好读书,可是叔父家境贫寒,买不起书。梁颢只好借别人的书,连夜抄写完,然后再仔细钻研。他不但对借来的书籍非常爱护,而且向来是说什么时候还就什么时候还,很守信用。

一个冬天的晚上,梁颢又在抄书。屋里冷得出奇,他抄了一会儿,就冻得手脚僵硬,眼睛也累得发酸。他不得不停下笔,活动活动手脚,放松一下眼睛,然后再抄。

叔父睡了一觉醒来,发现梁颢屋里的灯还亮着,就披衣起床,走到梁颢旁边,心疼地说:"颢儿,今天你从早到晚抄了一整天,现在又抄到大半夜,天又这么冷,这样会搞坏身体的。快睡觉去吧，明天再抄也不迟。"

梁颢说："这可不行，我已经答应人家明天去还书。要是今晚抄不完，明天还了书，我就没什么可读的了。"

叔父笑笑说："傻孩子，他们家里有好多书，不等着用这一本。你跟他们说明情况，晚一天也没什么要紧的。"

梁颢一脸严肃地说："做人要讲信用，我怎么能因为这点小困难就失信呢。我答应明天还，明天就一定要还。"说完，就又低下头继续抄书。

第二天，梁颢把书送还给主人，主人惊讶地说："我以为你说两天是指几天呢，没想到这么快就读完了。"

梁颢说："我还没有仔细读，只是连夜抄写了一遍。"

那人一听，惊得目瞪口呆，说："你真是个诚实守信的好孩子，将来一定会大有作为的。我这里还有很多书，你要借哪一本都可以，什么时候还都行。"

梁颢急忙向他道谢，此后就经常去借书，而且总是按时归还，从没失信过。成年后他在科举考试中表现出色，中了状元，后来当了翰林学士。

可见，只有做到诚信，才能成就一番事业。

无信生患

无信患作①,失援必毙②。

《左传·僖公十四年》

注解

① 作:发作,发生。
② 毙:死亡,灭亡。

项 羽

|听老师讲

季布一诺千金

这段话出自《左传》,大意是说:没有信用就会发生灾难,失掉了救援必定灭亡。它强调了信用对一个国家生死攸关的重要性。而讲信用对个人也同样重要。

秦末有一个叫季布的人,他特别讲信义。只要是他答应过的事,无论有多么困难,他一定会想方设法办到。当时,流传着一句话:"得黄金百,不如得季布一诺。"意思是得到一百斤黄金,也不如得到季布的一个承诺。

后来,刘邦打败项羽当上了皇帝,开始搜捕项羽的残部。季布曾经是项羽的得力干将。所以刘邦下令,只要谁能将季布送到官府,就赏赐他一千两黄金。

但是,季布重信义,深得人心,人们宁愿冒着被诛灭三族的危险为他提供藏身之所,也不愿意为赏赐的一千两黄金而出卖他。

有个姓周的人得到了这个消息,秘密地将季布送到鲁地一户姓朱的人家里。朱家很欣赏季布对朋友的信义，尽力将季布保护起来。不仅如此，朱家还专程到洛阳去找汝阴侯夏侯婴，请他解救季布。

夏侯婴从小与刘邦很亲近，后来为刘邦建立汉王朝立下了汗马功劳。他也很欣赏季布的信义，在刘邦面前为季布说情，最终使刘邦赦免了季布。不久，刘邦还任命季布做了河东太守。

后来人们就用"一诺千金"来形容一个人很讲信用，说话算数。这个成语凝结着历代的人们对季布的钦佩和敬重，展现了国人对信义的推崇和珍视，投射了我们建设诚信社会的美好期待。

讲信用可以让季布转危为安，不讲信用则可能给人带来无尽的祸患。金钱失去了可以再赚回来，工作失去了可以再找回来，但个人的信用失去了，就再也难以挽回了！而一个人一旦失去信用，就意味着他失去了一切。

曾子无戏言

曾子①之妻之②市，其子随之而泣。其母曰："女③还，顾反④为女杀彘⑤。"妻适市来，曾子欲捕彘杀之。妻止之曰："特与婴儿戏耳。"曾子曰："婴儿非与戏也。婴儿非有知⑥也，待父母而学者也，听父母之教。今子⑦欺之，是教子欺也。母欺子，子而不信其母，非以成教也。"遂烹彘也。

《韩非子·外储说左上》

注解

① 曾子：即曾参，春秋时期鲁国人，是孔子的学生。
② 之：到。
③ 女：通"汝"，你。
④ 顾反：回来。反，通"返"。
⑤ 彘（zhì）：猪。
⑥ 知：判断是非的能力。
⑦ 子：你。

|听老师讲|

商鞅移木立信

"曾子杀彘"的故事出自《韩非子》，该书是战国时期法家代表人物韩非的著作。原文大意是：曾子的妻子要去集市，她的儿子哭着闹着要跟着去。曾夫人为了不让他跟着，哄他说回来会杀猪给他吃。曾夫人从集市回来后，曾子果真要杀猪。曾夫人连忙拦住他，说自己只不过跟孩子开了个玩笑，不可当真。但曾子认为，家长不能跟没有是非判断能力的孩子开这种玩笑。孩子的品行是从父母那里学来的，这次答应了他却不实现诺言，无异于教孩子欺诈，因此他还是把猪杀了，为的是树立一个好榜样，教育孩子要遵守诺言。"曾子杀彘"的故事告诉广大的父母，教育孩子遵守诺言必须从自己做起，身教胜于言传。

这个故事也说明了信守诺言的重要性。一个信守诺言的人，是值得信任的人；而一个信守诺言的政府，往往能得到人们的信赖和拥护。

战国时期，秦国有个著名的改革家叫商鞅。秦国当时面临很严峻的局势，外部战争频繁，内部人心惶惶。于是，在秦孝公的支持下，商鞅开始对秦国进行改革。

为了树立威信，推进改革，商鞅下令在都城的南门外立起一根三丈长的木头，并当众许下诺言：谁能把这根木头搬到北门，就赏给谁十两黄金。

围观的人很多，但大家开始都不相信这么简单的事能得到如此高的奖赏，没有一个人愿意出来尝试。

于是，商鞅又把奖赏提高到五十两黄金。俗话说，重赏之下必有勇夫，终于有人站出来将木头扛到了北门。商鞅立即赏了他五十两黄金。

商鞅的这一举动很快就在人们中间传开了，为政府树立起了威信，人们开始相信商鞅能够信守诺言，赏罚分明。商鞅接下来的改革措施，就很快在秦国推广开了。新的改革举措使秦国渐渐强盛起来，为最终统一中国奠定了基础。

第三单元

和而不同

人类需要和谐与宽容

- ◎ 德莫大于和
- ◎ 亲仁善邻
- ◎ 有容乃大
- ◎ 万物并育
- ◎ 和实生物

盛唐气象

从初唐至开元、天宝年间，国家统一，经济繁荣，政治开明，文化发达，对外交流频繁，政府充满自信，呈现出一种海纳百川、兼容并包的盛唐气象。

唐朝具有开放的时代精神。儒、道、释三种文化都可以公开发表自己的观点，唐朝的三位大诗人李白、杜甫、王维就分属于不同的文化派别，李白信道，杜甫崇儒，王维礼佛。在用人上，士人不论出身、民族、宗教信仰，只要有才学，就可以得到重用。当时有很多少数民族和外国人士在朝廷里做官。唐朝的大将中有许多出身于少数民族，比如吐蕃等。唐人积极向外探索，对吸收外国文化表现出极大的热情。当时的长安、洛阳、扬州、广州等大都市，都是中外文化交汇的地方。长安是当时世界上最大的国际都会，居住着各个民族和各国人士。在长安，人们可以看到身穿皮裘、戴胡帽、辫发、脚穿乌皮六合靴的突厥人，戴耳环、披着肩布的印度人，以及小袖袍、皮帽边上绣花纹镶丝网的中亚人等。

开放的时代精神,广泛的文化交流,使盛唐社会生机勃勃。他们以极大的热情创造了健康向上、气度恢宏的文化。

唐玄宗

德莫大于和

德莫^①大于^②和^③。

董仲舒《春秋繁露·循天之道》

注解

① 莫：没有什么。
② 大于：比……大。
③ 和：调和，融合。

董仲舒

| 听老师讲

文化使者文成公主

这句话出自汉代董仲舒所著的《春秋繁露》,意思是说,没有比"和"更为重要的德行了。

董仲舒(约前179—前104)是西汉时期重要思想家,提出了著名的"罢黜百家,独尊儒术"的政策建议,被汉武帝采纳,使改造后的儒家思想成为汉代和此后历代的统治思想。

"和",作为中国古代的一个哲学概念,指的是事物的一种最佳的境界和状态,简单来说,包括自然(天)与人之间的和谐,人与人之间的和谐,民族与民族、国家与国家之间的和谐,也包括事物自身的和谐。我们可以把"和"理解为和睦、融洽、合适、恰到好处等。

说到"德莫大于和",我国历史上有一个著名的事例,那就是唐代的和亲。唐太宗李世民是一位很有作为的君主,在他的治理下,唐朝逐渐从开国之初的战乱凋敝中恢复过来,人民的生活一天比一天好,国家也一天比一天繁荣昌盛。只是,当时的民族关系还是非常紧张,唐朝周边散布着很多强悍的少数民族,像吐蕃、突厥、回纥等,他们对富庶的中原虎视眈眈,威胁着中原的安宁稳定。这一情况让唐太宗头疼不已,可他又不能仅靠武力去征服敌人,因为战争会让好不容易脱离苦海的百姓重新陷入战乱的痛苦。该怎么办呢?

就在这时,吐蕃的首领松赞干布因欣赏唐朝的富庶与繁荣,派来使者向唐朝求婚。唐太宗想:"如今吐蕃是西南一带最强大的少数民族,若它真有诚意与我大唐和平共处,必可保我西南边界安稳,人民安宁。"经过反复思考,唐太宗选中了一位知书达理的公主,让她带着大唐的先进技术和文明成果嫁给松赞干布。这位公主就是有着"文化使者"之称的文成公主。

文成公主远嫁吐蕃,给吐蕃带去了中原先进的农业技术和文化。碾磨、纺织、陶器、造纸、酿酒等工艺陆续传到吐蕃,中原的诗文、农书、佛经、史书、医典、历法等典籍也在吐蕃得到传播,极大地促进了吐蕃经济文化的发展，提高了吐蕃人民的生活质量。吐蕃对大唐心怀感激，汉藏两族人民的友谊之花以此为契机，开始绽放。而唐太宗也放下了心里的石头，不必再时时担心西南边境的安宁了。

与此同时，唐太宗对其他各少数民族也基本上都采取了比较宽容的民族融合政策，与各少数民族友好相处，这就保证了边境的安宁和人民生活的安定，为太平盛世"贞观之治"打下了坚实的基础。

"德莫大于和"，"和"是中国传统文化中的一个核心观念。"家和万事兴"，"和"是治家之道；"和气生财"，"和"是生意之道；"政通人和"，"和"是政治之道。和谐、和睦，能让我们这个世界变得更美好。

亲仁善邻

亲仁①善邻②，国之宝也。

《左传·隐公六年》

注解

① 亲仁：与仁者亲近。
② 善邻：与邻邦友好。

《左传》作者左丘明

| 听老师讲

善待他人就是善待自己

这句话出自儒家经典古籍"十三经"之一《春秋左氏传》,谈的是和邻国处理好关系的重要性:亲近有道德的人,与自己的邻国交好、友善,这两点对于一个国家来说是非常宝贵的东西。

春秋战国时,各诸侯国为了争夺土地与权力,相互之间不断厮杀。春秋初期,陈国曾经与宋国、卫国一起攻打过邻国郑国,后来,郑国决定不计前嫌,主动前去与陈国修好,想要和陈国团结起来,共同抵御其他强国的进攻。当时陈国一个叫五父的大夫对君主陈桓公说:"亲仁善邻,国之宝也。"陈桓公非常骄横自大,他不屑地说道:"以我们今天的实力,还需要去接受这样的友好吗?"郑国见陈国不想和自己交好,认为陈国一定对自己怀有敌意,于是抢先一步发兵,攻打陈国。这一次,郑国打败了陈国,陈国遭受了重大的损失。

战国时,齐国名相管仲以楚国"王祭不供"(不供应周王祭祀的用品)的罪名讨伐楚成王。楚国承认了罪名，答应年年进贡，拥护东周王室。于是管仲立刻罢兵，停止作战。后来的人不理解，认为当时齐国的国力强于楚国，管仲完全可以继续攻打楚国，霸占楚国土地。其实，如果真的继续打下去，即便最终齐国获胜了，也一定会给两国百姓的生活带来巨大的破坏，双方的军队都会付出惨重的代价。这样的结果，对于齐国来说，也未见得是胜利。管仲的做法既纠正了楚国的过错，又使得百姓免于牺牲，是实践"亲仁善邻"主张的典范。

"亲仁善邻"的实质就是"和"。对国家来说，"亲仁善邻"就是要与邻国保持友好的关系；对我们个人来说，"亲仁善邻"就是要与他人和睦相处。与朋友、邻居、同学、同事保持友好和睦的关系，这也是一种"法宝"，可以让我们的工作、生活得心应手、事半功倍，使我们心情愉快，生活充满阳光。

有容乃大

有容,德乃大。

《尚书·君陈》

伏生将秦始皇焚书后保留的《尚书》篇目传授给汉代学子。

听老师讲

子产不毁乡校

这句话出自《尚书·君陈》。君陈是西周初年杰出政治家、军事家和思想家周公旦的儿子,周公去世之后,周成王命令他继续治理东都洛邑的东郊成周。本篇是成王任命君陈时的策命,在这篇策命里,成王告诉君陈"有容,德乃大",意思是说,有所包容,德行才能广大。

提倡"有容乃大"的周朝在历史上兴盛了很长时间。春秋时期,郑国子产执政,又演绎了一段"有容乃大"的佳话。在当时的诸侯国中,郑国受封最晚,是一个小国,社会矛盾尖锐,战祸连年不断。在大国争霸时,弱小的郑国常受大国的欺凌。公元前543年,子产开始在郑国执政。在他执政的二十一年里,他在内政外交上都取得了成功。

子产实行宽猛并济的策略。一方面,他向老百姓申明律法,将法律铸在鼎上,公之于众,是我国第一个将法律公之于世的人。另一方面,他宽容治国,在历史上留下了一段"子产不毁乡校"的佳话。

乡校，是当时国家举办的一类学校，既是学校，也是乡间的公共场所，老百姓经常到那里休闲聚会，评论朝政。郑国人对本国政治的抨击非常激烈，在历史上很有名。郑国有些官员认为应该取消乡校。子产却认为应该允许老百姓自由发言，执政者听取不同的意见，反而对治理国家有好处。他说，人们休闲时到乡校聚一聚，议论一下施政措施的好坏。他们认为我办得对的地方，我就继续推行；他们认为我办得不对的地方，我就加以改进。这些人都是我的老师啊，为什么要毁掉乡校呢？子产用预防水患来做比喻。为了预防洪水，平时堤坝要开小口导流，如果水势积聚得过大，堤坝溃决，就难以挽救了。所以百姓的议论其实是治疗国家之病的良药。

子产虚怀若谷，能够听取不同的意见，采取明智的治国措施，使郑国得到安定和发展，他本人也得到百姓的拥护，百姓歌唱道："我有子弟，子产诲之；我有田畴，子产殖之；子产而死，谁其嗣之？"

万物并育

万物并育①而不相害②,道③并行而不相悖④,小德川流,大德敦化,此天地之所以为大也。

《中庸》

注解

① 并育:同时生长。
② 相害:互相妨害。
③ 道:指天地之道。
④ 悖(bèi):违背。

中庸(篆刻)

听老师讲

百家争鸣

这句话出自《中庸》,意思是说,天地间万物同时生长却不会互相妨害,各行其道而不互相冲突。小德如江水流行,不息不止,大德敦厚化育,无穷无尽,这就是天地之所以伟大的原因。

一般认为,《中庸》的作者是孔子的孙子子思,他继承并发展了孔子的思想。孔子不像今天的一些专家学者,终日埋头于故纸堆,希望在书里找到智慧。他一方面学习前人的思想学说,另一方面善于阅读天地万物这本无字的大书,仰观日月经天,俯察江河行地,从中寻找大道。他观察到天地广博深厚,没有什么不能承载,没有什么不能覆盖,春夏秋冬四季运行不止,太阳和月亮轮流照临大地。天地之所以成其大,在于能够容纳万物。世间万物在同一片天空下、同一片大地上共同繁荣,生机勃勃。

孔子生活于春秋时期,春秋战国时期是中国历史上思想最活跃的时期之一,留传于后世的许多经典著作都创作于此时。孔子之后,各种学说蜂起,各学派竞相宣传自己的学说,史称"百家争鸣"。那时在中国大地上奔走的,有峨冠博带、温文尔雅的儒者,有短衣赤脚、生活节俭的墨家门徒,有摇唇鼓舌、在各国之间寻找出人头地机会的纵横家,有谦虚恬淡、追求隐逸生活的道家人物,有提倡以法、术、势治国的法家代表,有雄辩的名家,有脚踏实地的农家,还有兼采各家学说为己所用的杂家……各派学说竞相迭起,都找到了自己生长的土壤,这是我国思想文化繁荣灿烂的时期,奠定了后世学术思想的基础,滋养了后世的学术、智慧。直到今天,我们仍然可以拿起古书,在古圣先哲的学说中汲取养分,欣赏这一自由开放、宽容多元的时代取得的伟大文化成就。

孔子周游列国,开阔了视野,增长了知识。

和实生物

夫和①实生物,同②则不继。以他平他③谓之和,故能丰长而物归之④。若以同裨⑤同,尽⑥乃⑦弃矣。故先王以土与金木水火杂⑧,以成百物。

《国语·郑语》

注解

① 和:和谐。
② 同:相同,一样。
③ 以他平他:用一个事物和另一个事物协调并进。
④ 丰长而物归之:丰富滋长,万物归附。
⑤ 裨(bì):益,补。
⑥ 尽:穷尽,到头。
⑦ 乃:于是,就。
⑧ 杂:合。

听老师讲

和而不同

这段话出自《国语》,为史伯与郑桓公论政时所讲,其大意是:不同的东西相和谐才能形成新的事物,相同的东西不能互相补益。不同的因素之间相互作用以达到统一,这叫作和谐,所以能够使万物丰盛而成长起来。如果把相同的东西加合在一起,便会难以为继,会被抛弃。所以先王把金、木、水、火、土相混合,形成各种事物。

这里谈到了"同"与"和"的区别。"同"是没有差别的简单的同一,"和"是包含许多不同性质事物的统一。说得简单一点,"和"就是和谐,就是各种因素能够默契配合,协调一致,使得事物的性质达到最优。

根据《左传》的记载,齐国的宰相晏子对于"和"有一段非常精辟的论述。他说:"什么叫和呢?和就好比是一碗美味的羹,其中要包含各种各样的因素,不仅要有鲜美的鱼肉,还要有醋、酱、盐、梅等多种调味料,更要有优质的水和适当的火候,搭配得恰到好处才能做出一碗美味的羹来。或者说和就是一首美妙的乐曲，一定要有清浊、大小、短长、疾徐、哀乐、刚柔、快慢、高低、出入、疏密的变化，而且也要相互协调，才能奏出美妙的乐曲。如果本来就是一碗水，你又加上一碗水，味道没有任何变化；一首乐曲，永远是一张琴始终用同样的节奏在演奏，听起来也十分无趣——这就是同，而不是和了。"

可见，我们做事情时，要善于把不同的东西融合在一起，只有天时、地利、人和等各种因素相协调，事情才会做得顺利和完美。

后来孔子对前人的思想进行了总结，指出"和"的恰到好处的状态就是"中"。他把"中和"作为追求的理想，认为"致中和"，就达到了"天地位焉，万物育焉"的状态，这是一种最高的和谐，是儒家关于社会、人伦的最高理想。

第四单元

明理尚礼

礼仪之邦的社会理想

- ◎ 人禽之辨
- ◎ 道德仁义，非礼不成
- ◎ 礼义之始
- ◎ 立爱立敬
- ◎ 冠礼祝辞
- ◎ 用餐礼仪

中国为什么被称为"礼仪之邦"

中国具有五千年文明史,历史上的中国人也以彬彬有礼著称于世。古代的中国人对道德修养提出过很高的要求,并因此形成了完善的礼仪制度,因此中国又被称为"礼仪之邦"。

"礼"的制定可以追溯到周代。西周时期是我国古代历史上的礼治时代,这一时期的礼仪习俗逐渐演变为法定的礼制制度和礼仪文明,演化成为中国传统文化的核心。

中国古代的"礼"和"仪",实际是两个不同的概念。"礼"是制度、规则和一种社会意识观念;"仪"是"礼"的具体表现形式,是依据"礼"的规定和内容而形成的一套系统而完整的程序。大到国家制度,小到个人言行,都受到礼制制度和礼仪文明的约束。《左传》指出,礼用来"经国家,定社稷,序民人",是"天之经,地之义,人之行"。这就是说,礼仪文明既是国家政治、社会生活中必需的制度,同时,对于个人的日常生活和行为来说，礼仪也是不可缺少的行为规范。

中国古代有"五礼"之说，即"吉、凶、军、宾、嘉"五种礼仪。所谓吉礼，是祭天、祭地、祭祖宗时行的礼；凶礼，是办丧事、赈灾时行的礼；军礼，是发动战争、集结军队、宣布出征时行的礼；宾礼，是天子招待地方诸侯或地方诸侯之间互相交往时用的礼；嘉礼，是结婚、成年、做寿时用的礼。

"五礼"几乎将古人的政治和社会生活所涉及的内容都囊括其中，内容相当广泛，可以说是无所不包，充分反映了古代中华民族的尚礼精神，体现出了"礼仪之邦"的文明儒雅。

行 礼

人禽之辨

鹦鹉能言，不离①飞鸟；猩猩能言，不离禽兽。今②人而无礼，虽能言，不亦禽兽之心乎？……是故圣人作③，为礼以教人，使人以有礼，知自别于禽兽。

《礼记·曲礼》

注解

① 离：脱离。
② 今：若，如果。
③ 作：兴起。

《礼记》的编纂者戴圣

| 听老师讲

晏子重礼

这段话出自《礼记》。《礼记》是儒家经典之一，与《仪礼》《周礼》并称为"三礼"。《礼记》全书共有四十九篇文章，大都是由孔子的学生及其后代门人写成的，内容主要是对《仪礼》一书的补充和解释。很多大家熟悉的格言，如"知耻近乎勇""先人后己""文武之道，一张一弛""玉不琢，不成器""教学相长"等，都出自《礼记》这本书。

这段文字的大意是：鹦鹉能学舌，终归是飞鸟；猩猩能言语，终归是禽兽。如果人不讲究礼法，虽然能说话，不也是如同禽兽一样的心性吗？因此有圣人出现，制定礼法来教育人们，使人们有了做人的规范，知道自己和禽兽有本质的区别。

把是否讲究礼法作为人和动物的本质区别，这是我国古人很早就形成的观念。礼不仅是一种表面的仪式，而且是人对自己各种行为举止的主动约束。

《晏子春秋》这本书里记载了这样一个故事，足以体现礼的重要意义。

有一天，齐景公喝酒喝多了，对陪酒的众臣说："今天想和诸位畅饮，大家就不要讲究什么礼数了。"

晏子听了，非常惊讶，连脸色都变了，说："您的话说得过头了！不实施礼，有勇力的人就会凭借自己的力量，肆无忌惮地攻击长者、杀害君王。只有在动物的世界里，才是凭强悍来进行统治的，强者欺负弱者，所以天天都会产生新的头领。现在您说要不讲究礼数，那不就等同动物王国了吗？群臣都凭勇力来行事，强者欺凌弱者，那就会天天换君主，那您将如何安坐君主的位子？人之所以强于动物，就是因为人是讲求礼的，礼数是不可以缺失的啊！"

景公并不将晏子的话放在心上。过了一会儿，景公出去了，晏子也不起身；景公进来，他还是坐在那里，不起身行礼；席间大家一举杯，他便抢先喝了，毫不谦让。景公很生气，脸色都变了，按着桌子恨恨地看着晏子说："刚才先生还告诉我说不能没有礼数，我进出你都不起身表示恭敬，一举杯就抢着先喝了，这也是礼数？"

晏子立即赔罪，并解释说："我怎么敢与您说了就忘记呢？我只是向您演示没有礼数的样子而已。您如果想不要礼数，那就是这样了。"

景公很惭愧地说："原来不要礼数是这个样子，那是我的过失了。先生请入席，我接受您的忠告了。"于是景公就按照规矩结束了宴席。从此以后，景公整顿法纪，完善礼数，来处理朝政，治理国家，国内的百姓做事也都恭敬有礼了。

画像砖生动再现了"晏子二桃杀三士"的故事。

道德仁义，非礼不成

夫礼者，所以定①亲疏、决②嫌疑、别③同异、明④是非也。……道德仁义，非礼不成；教训正俗，非礼不备；分争辨讼⑤，非礼不决；君臣上下，父子兄弟，非礼不定；宦学⑥事师，非礼不亲；班朝⑦治军，莅官⑧行法，非礼威严不行；祷祠祭祀⑨，供给鬼神，非礼不诚不庄。是以君子恭敬撙⑩节⑪退让以明礼。

《礼记·曲礼》

注解

① 定：确定。
② 决：决断。
③ 别：区别。
④ 明：辨明。
⑤ 讼：争论。
⑥ 宦（huàn）学：指游历访学。
⑦ 班朝：排列朝廷的官位。
⑧ 莅（lì）官：指到职、居官。莅，到。
⑨ 祷祠祭祀：指临时和定期祭祀神灵的活动。
⑩ 撙（zǔn）：抑制。
⑪ 节：节制。

听老师讲

叔孙通制礼

这段文字出自《礼记》,大意是:礼,是用来确定亲疏、决断嫌疑、区别同异、辨明是非的。道德仁义,没有礼就不能成就;教育民众端正风俗,没有礼就不能完备;分辨争论的是非,没有礼就不能决断;君臣上下、父子兄弟,没有礼等级名分就不能确定;外出游学,跟从老师,没有礼就不会亲密;排列朝廷的官位,整治军旅,到职居官,执行法令,没有礼就将失去威严;临时和定期祭祀,供奉神灵,没有礼就不能虔诚庄

祭祀神明和祖先,需要用到礼器。

重。因此,君子态度恭敬,遇事有节制,对人谦让,以此来彰显礼的功能、作用。

礼的作用表现在社会生活的方方面面,而最重要的就是维护稳定的社会秩序和良好的人际关系。

根据《史记》的记载,刘邦在得了天下以后,大臣们整天大吃大喝。这些人大多缺乏文化教养,完全不懂礼仪,喝醉酒就吵吵嚷嚷,甚至舞刀动枪,这使刘邦很不开心。

有个精明的儒生名叫叔孙通,他看出了刘邦的心事,就建议刘邦制定礼仪。刘邦虽然是个粗人,但马上意识到了叔孙通建议的价值,于是当即命令叔孙通尽快去做。叔孙通遵照刘邦的旨意,找来三十多个懂礼仪的儒生没日没夜地抓紧排练。

一个多月以后,儒生演练成熟,正好这时大汉定都长安,刘邦就把叔孙通排练的这套礼仪原原本本地运用在大臣们身上。群臣按照礼仪进殿陆续接受刘邦的召见,按官阶高低依次向刘邦行叩拜之礼。进见的大臣都俯首低眉,恭敬备至,整个召见过程井然有序。刘邦竟喜不自禁地说："我现在才算真正体会到当皇帝的尊贵了。"自此以后，刘邦端坐于上，群臣依照礼仪进宫接受召见，就自然成为一种规矩了。

对于刘邦自己来说，礼仪让他知道了"当皇帝的尊贵"。而对于整个国家来说，礼仪的制定意味着一套秩序的建立，从此，所有的事情必须按照一定的规矩进行，国家的治理也就可以走上正轨了。

汉高祖刘邦

礼义之始

礼义①之始,在于正②容体、齐颜色③、顺辞令。容体正,颜色齐,辞令顺,而后礼义备,以正君臣、亲父子、和长幼。君臣正、父子亲、长幼和,而后礼义立。

《礼记·冠义》

注解

① 礼义:礼法道义。
② 正:使……端正。
③ 齐颜色:使表情庄重、得当。

《礼记释文》书影

| 听老师讲

孔子守礼

这段文字出自《礼记》,大意是:礼义的开始,在于使容貌体态端正,表情庄重、得当,言辞和顺。容貌体态端正,表情庄重、得当,言辞和顺,而后礼义才得以完备。用礼义使君臣关系端正,父子关系亲密,长幼关系和睦。君臣关系端正,父子关系亲密,长幼关系和睦,而后礼义得以确立。

有意思的是,古人眼中的礼义是从端正容貌、服饰,表情得当,言辞和顺开始的。的确,一个有良好礼仪风范的人,一定是体态端正、服饰整洁、表情庄重、言辞得体的。这样,人的精神状态才会显得振作,才能表现出对人、对事的尊重。这既是一个人内在修养的流露,也是尊敬他人的表现。而衣冠不整、神情懒散、言辞失当,通常被认为是既不尊重自己,也不尊重别人。

儒家的创始人孔子就是个非常讲究礼仪的人。他认为,是否严格遵循礼仪可以反映一个人的内心世界。如果你是一个内心非常正直、非常洁净的人,那么你一定是遵守礼仪的。《论语》里的《乡党》这一篇，集中记载了孔子的仪容举止，反映了他对礼仪的严格遵守。

比如说，孔子走进朝廷的大门，那谨慎而恭敬的样子，好像没有他的容身之地。站，他不站在门的中间；走，也不踩门槛。经过国君的座位时，他脸色立刻庄重起来，脚步也快了起来，说话也好像中气不足一样。他提起衣服下摆向堂上走的时候，那恭敬谨慎的样子，憋住气好像不呼吸一样。等到退出来，走下台阶，他的脸色便舒展开来，显出怡然自得的样子。走完了台阶，他快快地向前走几步，姿态像鸟儿展翅一样。回到自己的

彬彬有礼的孔子

位置，则是恭敬而不安的样子。

穿衣服，孔子就更讲究了。他不用深青透红或黑中透红的布镶边，不用红色或紫色的布做平常在家穿的衣服。夏天穿粗的或细的葛布单衣，但一定要套在内衣外面。黑色的羔羊皮袍配黑色的罩衣，白色的鹿皮袍配白色的罩衣，黄色的狐皮袍配黄色的罩衣。平常在家穿的皮袍做得长一些，右边的袖子短一些。睡觉一定要有睡衣，要有一身半长。用狐貉的厚毛皮做坐垫。丧服期满，脱下丧服后，便佩戴上各种各样的装饰品。如果不是礼服，一定要加以剪裁。不穿着黑色的羔羊皮袍、戴着黑色的帽子去吊丧。每月初一，一定要穿着礼服去朝拜君主。

看起来如此复杂的礼仪，孔子却一一遵守。当时的社会正处在动荡之中，旧有的制度被打破，社会上很多人已经不遵守这些礼仪了。孔子认为这是不对的，所以他以身作则，从遵守这些最基本的礼仪开始，希望能够以此净化人们的内心世界。

立爱立敬

子曰:"立爱自亲①始,教民睦也;立敬自长②始,教民顺也。教以慈睦,而民贵③有亲;教以敬长,而民贵用命④。孝以事亲,顺以听命,错⑤诸⑥天下,无所不行。"

《礼记·祭义》

注解

① 亲:指双亲,即父母。
② 长:兄长。
③ 贵:以……为贵,推崇。
④ 用命:听从命令,效忠。
⑤ 错:通"措",施行,运用。
⑥ 诸:之于。

| 听老师讲

黄香温席

这段话出自《礼记》，大意是说，孔子说："确立爱心从自己的父母双亲开始，这样就可以教民和睦；确立尊敬的观念应从尊敬自己的兄长开始，这样就可以教民顺从。教化民众慈爱和睦，民众就会以有亲爱之心为贵；教化民众尊敬长辈，民众就会以服从命令为贵。用孝敬的态度来侍奉双亲，用顺从的态度来接受命令，把孝敬和顺从施行于天下，就没有行不通的事了。"

在这段话中，孔子强调，确立爱敬的观念应从自己的亲人开始。热爱自己的亲人，尤其是父母，这是人类最自然的亲情，是一切情感的基础。从爱父母开始，将爱心推及社会大众，才能使人民和睦相处。

东汉时候的黄香，九岁就失去了母亲，他把全部的孝心都倾注在父亲身上。夏天最热的时候，他担心劳累了一天的父亲会因为太热而睡不好，于是总会在睡觉之前，拿扇子把枕头和席子上的热气扇去，然后再请父亲上床睡觉。而到了冬天，他又会在临睡前钻进冰冷的被窝，用身体把被子暖起来,再请父亲去睡,以免去寒冷之苦。这种孝顺的行为得到了当地人民的赞扬,他的名声也在全国传播开来。

后来黄香做了河北魏郡的太守,魏郡遭了水灾,老百姓苦不堪言。黄香就把自己的财物都拿出来资助老百姓,因此受到了大家的拥戴和称赞。

黄香担任太守时的所作所为,其实是他孝敬父亲这一行为的延伸,他把对于父亲的孝敬转化成了对于老百姓的爱护。我们想要做一个品德高尚、有益于民众的人,也要从孝敬自己的父母做起。

"黄香温席"是"二十四孝"故事之一。

冠礼①祝辞②

三加③曰："以岁之正④，以月之令⑤，咸加尔服⑥。兄弟具在，以成厥德⑦。黄耇⑧无疆，受天之庆⑨。"

《仪礼·士冠礼》

注解

① 冠礼：古代男子成年时进行加冠的仪式，称为冠礼。冠，可以理解为今天的帽子，但形制与今天的帽子不同。行礼前，先通过占筮选定加冠的日期和为加冠者加冠的宾。主要仪节有二：由宾为加冠者加冠三次，再由宾为加冠者取一个表字。有了表字，就标志加冠者成年了，故古人又称冠礼为"命字礼"。
② 祝辞：在冠礼的仪式中，宾先后要在始加、再加、三加、授醴、行醮礼、取字等多个环节致辞。这里选取的是三加祝辞。
③ 三加：第三次加冠时。
④ 正：善。
⑤ 令：美好，善。
⑥ 咸加尔服：缁布冠、皮弁、爵弁三种冠在始加、再加、三加时依次给你加上。服，因冠戴在头上，所以称为元服。
⑦ 以成厥德：成就加冠者的成人之德。厥，其。
⑧ 黄耇（gǒu）：指长寿。
⑨ 庆：福。

|听老师讲|

嬴政加冠

这段话出自《仪礼》。《仪礼》和《礼记》一样，也是儒家经典之一，详细记载了当时的士（大致相当于今天的知识分子）阶层的一套礼仪，因此又称《士礼》，有《士冠礼》《士婚礼》《士丧礼》等十七篇。《士冠礼》是其中的第一篇，详尽地记载了古代冠礼的仪式过程。

这段文字的大意是：第三次加冠时，宾致祝辞说："在这美好的时节，三种冠依次都给你加上。兄弟们都来参加你的冠礼，以成就你的成人之德。祝你长寿无

皮弁

疆，享受天赐的福庆。"

冠礼是古代男子的成人仪式，是嘉礼中最重要的礼仪之一，因此格外受到重视。古代男子年至二十便要在宗庙中行冠礼。冠礼由父亲主持，并由指定的贵宾为行冠礼的青年加冠三次。为什么要三次加冠？为什么加的冠一次比一次尊贵？《仪礼·士冠礼》说是为了教诲加冠者树立努力向上的志向。

冠礼意味着成年，而成年意味着承担相应的责任。对于君王来说，冠礼更为重要，因为一旦成人，就要承担起执掌天下的重任。

根据《史记》的记载，秦王嬴政即位的时候只有十三岁，还是个小孩子，不大懂事，也没有实权，国家权力都掌握在权臣吕不韦的手中。等到嬴政二十二岁的时候，秦国的王公贵族准备在秦国故都雍城的蕲年宫为他举行冠礼。这时的嬴政已经成年，了解了自己作为一国君主的责任。

当加冠的仪式开始，庄严的音乐响起，一切都显得那样威严肃穆。秦国的一位贵族、嬴政的伯父为嬴政加冠,并向他宣读祝词:"在这美好吉祥的日子,给你加上成年人的服饰;请放弃你年幼时的想法,造就成年人的情操;保持威仪,培养美德;祝你万寿无疆,大福大禄。你是一国之君,今天的仪式之后,国家命运就掌握在你的手里,希望你能拓展疆土,征服诸侯,使我大秦更加强大。"嬴政听到这番话,不禁心潮澎湃,心想自己作为秦国的君主,一定要做出一番大事业来。

嬴政亲政后不久就借机免去了丞相吕不韦的职务,把权力收回到自己手中。此后他对内加强改革,对外加

《史记·秦始皇本纪》书影

快了吞并六国的步伐，终于在三十九岁那年称帝，成为中国历史上第一个皇帝，史称"秦始皇"。

可以说，冠礼对于秦始皇的一生来说，是一个重要的转折点。从那时起，他开始承担起君主的重任，开始掌握自己国家的命运。由此可见，冠礼对于人的一生来说是多么重要了。

秦始皇陵兵马俑

用餐礼仪

毋抟①饭,毋放饭,毋流歠②,毋咤食③,毋啮骨,毋反鱼肉,毋投与狗骨④,毋固获,毋扬饭⑤,饭黍毋以箸⑥,毋嚃⑦羹,毋絮⑧羹,毋刺齿,毋歠醢⑨。

《礼记·曲礼》

注解

① 抟(tuán):捏饭成团。
② 歠(chuò):饮。
③ 咤食:指吃饭时发出"咤咤"声。
④ 毋投与狗骨:不要把骨头扔给狗。
⑤ 毋扬饭:不要为使饭快点凉而扬起饭。
⑥ 箸:筷子。
⑦ 嚃(tà):不加咀嚼而吞下。
⑧ 絮:调味。
⑨ 醢(hǎi):用肉、鱼等制作成的酱。

| 听老师讲

文雅进餐

这段选文选自《礼记》,大意是:不要把饭捏成饭团来吃,不要把已抓取的饭放回食器中,不要大口喝汤如流,不要在吃饭时发出"咤咤"的响声,不要咬嚼骨头,不要把已经拿取的鱼肉再放回食器中,不要把骨头扔给狗,不要专挑一种好吃的菜肴吃,不要为使饭快点凉而扬饭,吃小米饭不要用筷子夹,在食用羹汤时不要不加咀嚼就囫囵咽下,不要自己给羹汤调味,不要在正吃饭时剔牙,不要像饮汤一样饮酱。

古代酒具

中国是世界上文明发展最早的国家之一，饮食文化也是世界闻名，不仅有多种多样的食物，高超的烹调技艺，精美的餐具，还有与中华礼仪文化相一致的饮食礼仪：席次和座次有很大的讲究，餐具和菜肴有一定的排放方式，用餐的规矩也一丝不苟。

这段文字中一连串的"毋"，用今天的话说就是"不要"，一口气说了十四个，讲的都是做客时的用餐之礼，而这还仅仅是饮食礼仪中的一部分。

这些饮食礼节体现了对主人和其他用餐者的尊重，有助于维护和谐的人际关系，不应该因为它繁复，就把它当作传统文化中不好的东西而抛弃掉。

有一些规矩在今天的饭桌上还在规范我们的举止。比如不要把夹到自己碗里的菜再放回去，不要发出奇怪的声音，因为这些行为会让其他人感到不舒服。好的礼仪习惯要从小时候培养，也要从吃饭这样的小事上开始培养。

上面讲的是古书中明文记载的礼仪，此外还有一些约定俗成的民间饮食礼仪。就拿我们每天吃饭都要用到的筷子来说吧,就有很多使用上的规矩。比如不能把筷子直立插在米饭里,因为这像是在给去世的人上香,不吉利;不能用筷子敲击碗盘,因为古代乞丐在乞讨时才敲击碗盘来引起别人的注意。

饮食上的这些礼仪,都是要让同桌的人也舒舒服服地吃饭,归根结底,还是要互相尊重,以维护良好的人际关系。这也是礼的根本目的。

古人宴饮场景

第五单元

投桃报李

深挚的感恩之情

- ◎ 一饭之报
- ◎ 不可忘者
- ◎ 游子吟
- ◎ 社 稷

社　日

　　社日是中国古代社会的盛大节日。它在夏商时代就存在了，在中国历史上传承了数千年，可以说是最古老的佳节。社，指的是土神。土地生长万物、养育人类，人们对土地充满了崇敬之情。很早的时候，人们就在乡间立土神，定期祭拜，祭拜的日期，就是社日节的雏形。

　　周代以前只有春社，秦汉时期，人们觉得不仅要向土神祈求丰收，在丰收了之后，也要向土神报喜，于是就形成了"春祈秋报"的习俗，分春社与秋社两个社日。春社祈求五谷丰登，在立春后第五个戊日（春分前后）；秋社感谢土神赐予丰收，在立秋后第五个戊日（秋分前后）。

　　魏晋南北朝时期，社日活动的规模更大，百家聚集在一起，共度社日。唐宋时期，社日达到全盛状态，社日的欢愉成为唐宋社会富庶繁荣的标识。

　　社日从朝廷到地方有不同的等级，祭祀不同的神灵，但是，最隆重、最热闹的要数乡间的社日。这个时候,农夫停止劳作,妇女放下活计,儿童兴高采烈地嬉戏,祭社神,喝社酒,吃社肉,笑语欢歌不绝。这个时候,还有社戏和社火等表演,表演的目的,就是要向土神感恩、报功,并祈求来年的幸福。

民以食为天,食以地为源,人们对土地的感情,正如儿女对母亲的纯真感情,所以比起春节、中秋、重阳等节日,人们在社日更加无拘无束,狂欢尽醉。唐朝王驾在《社日》一诗中写"桑柘影斜春社散,家家扶得醉人归",描述的就是这个场景。可以说,延续了几千年的社日就是中国的感恩节。

社日场景

一饭之报

初，宣子田于首山①，舍于翳桑②，见灵辄饿，问其病。曰："不食三日矣。"食之③，舍其半。问之，曰："宦④三年矣，未知母之存否。今近焉，请以遗⑤之。"使尽之⑥，而为之箪食⑦与肉，置诸橐⑧以与⑨之。既而与为公介⑩，倒戟以御公徒，而免之。问何故，对曰："翳桑之饿人也。"问其名居，不告而退。遂自亡也。

《左传·宣公二年》

注解

① 田于首山：在首山打猎。
② 舍于翳（yì）桑：在翳桑住宿。
③ 食（sì）之：给他东西吃。
④ 宦：在贵族家做臣仆。
⑤ 遗（wèi）：送给。
⑥ 尽之：把饭吃完。
⑦ 箪（dān）食：盛在竹篮里的饭。
⑧ 橐（tuó）：袋子。
⑨ 与：给。
⑩ 介：甲士。

| 听老师讲

知恩图报

这是《左传》中记载的一个故事,大意是,当年赵宣子赵盾在首山打猎,住在翳桑这个地方。他看到一个人快要饿死了,就去问他有什么困难。这个人是灵辄,他说:"我已经三天没吃东西了。"宣子就送了食物给他吃,可他却留下一半。宣子问他为什么,他说:"我离家在外给人做臣仆已经三年了,不知道家中老母是否还活着。现在离家近了,请让我用留下的食物孝敬母亲吧。"宣子让他把食物全部吃完,另外又为他准备了一篮子饭和一些肉,放在袋里给他带回去了。后来,灵辄做了晋灵公的侍卫。一次,晋灵公想杀宣子,灵辄在搏杀中反过来抵挡晋灵公的手下,使宣子得以脱险。宣子问他为何这样做,他回答说:"我就是在翳桑快饿死的那个人。"宣子问他的姓名和住址时,他没有告诉宣子就离开了。于是赵宣子就逃亡了。

由这个故事,我们看到了灵辄身上知恩图报的宝贵品质。无独有偶,历史上还有一个"一饭之报"的故事，故事的主角是韩信。韩信是刘邦手下的一员大将，他辅佐刘邦打败了项羽，建立了汉朝。韩信在家乡的时候，曾经很落魄，经常去别人家里"白吃"，人家讨厌他，他只好到淮水边钓鱼，钓不到时只好饿肚子。淮水边上有个给人家漂洗纱絮的老大娘，见韩信饿得厉害，就把自己带的饭分一半给他吃，连续几天都如此。韩信非常感激这位老大娘，就对她说："您老人家这么厚待我，将来我一定要好好地报答您的恩情。"没想到老大娘一听这话反倒生气了，正色道："男子汉大丈夫自己不能养活自己，太没有出息了。我是看你怪可怜的，才给你点儿饭吃，谁指望你的报答！"韩信被老人说得满脸通红，连声说："是！是！"后来，韩信成为刘邦手下最能打仗的将军，被封为楚王，他仍然不忘当年漂洗纱絮的那位老大娘给他饭吃的恩情，派人去寻找她，以千金作为报答。

这两个知恩图报的故事告诉我们，对于人家的帮助，应该心存感激、尽力回报。但是，感恩不仅是简单的报恩，它更是一种可贵的情感，是自立、自尊、成熟的人应有的情怀。它让我们感激自己所得到的帮助、恩惠，并因此而愿意去回报他人。这里的"他人"，并不仅仅是曾经帮助过我们的人，还包括其他所有人。正因为有人曾经不辞辛劳帮助我们，所以当其他的人需要帮助时，我们也应该伸出援助之手，这是回报曾经帮助过我们的人的一种更好的方式。

淮阴侯韩信

不可忘者

人之有德于我也,不可忘也;吾有德于人也,不可不忘也。

《战国策·魏策》

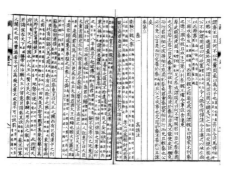

《战国策》书影

| 听老师讲

感恩与施恩

这是《战国策》中的一句话,意思是:别人对我有恩德,不可以忘记;我对人家有恩德,不可以不忘记。

三国时期,诸葛亮用一生的鞠躬尽瘁报答了刘备的知遇之恩。诸葛亮隐居在荆州隆中时,刘备为了请他出来辅佐自己,三次到隆中拜访他。诸葛亮对于刘备的信任非常感激,决心追随刘备。刘备去世前,嘱托诸葛亮说:"我儿子刘禅没有才能,你若觉得能辅佐他就辅佐,

武侯祠

如果觉得不能，你就自己做蜀国的君主吧。"诸葛亮感动地说："我愿肝脑涂地报答陛下，尽力辅佐幼主。"最后，他为了蜀汉的兴复大业，积劳成疾，病死在军中，去世时才五十四岁。

别人对我们有恩，我们一定要感恩；我们对别人有恩，却不可图人家的报答。施恩给别人，又希望人家报答，这种行为叫作"市恩"。"市"是"交易"的意思，用恩情来做交易，这是一种很让人瞧不起的行为。

《三国演义》中有这样一个关于施恩和感恩的故事。曹操曾经打败过刘备，当时，和刘备失散的关羽迫于无奈投靠了曹操，但是他一心惦记着刘备，对曹操说："不管什么时候，只要一有刘备的消息，我就会去投奔。"曹操嘴上虽然答应，心里却不舍得，于是使用各种办法拉拢关羽，又是封他做官，又是赏赐给他美女和金银财宝。但关羽始终不为所动，最终还是乘机走了，一路上"过五关斩六将"，杀了曹操手下的很多将领。曹操听到这个消息后，传令给沿途各关卡，不准阻拦关羽，让关羽得以顺利脱身。后来，在赤壁之战中，曹操大败，在华容道遇到了拦截的关羽。曹操绝望之际,关羽念及旧日曹操待他的厚重恩情,放走了曹操。

曹操这边,是施恩不图报,大度真诚;关羽这边,是知恩必报,义薄云天。从此,"过关斩将"和"华容义释"就被人们口耳相传,成为一段佳话。

知恩必报和施恩不图报都是高尚的品行。生活在社会之中,每个人都需要别人的帮助,每个人也应尽力帮助别人。记住别人对你的恩情,忘掉你给别人的帮助,你会活得更加洒脱。

曹 操

游子吟

孟 郊

慈母手中线,游子身上衣。

临行密密缝,意恐迟迟归。

谁言寸草心,报得三春晖^①。

注解

① 晖:阳光。

孟 郊

| 听老师讲

感恩父母

慈祥的母亲用手中的针线为将要出行的儿子织缝衣服。儿子临走前,母亲一针一线地把衣服缝得又密又结实,生怕儿子受冻着凉,只是不知儿子何时才能回到家乡来和自己相聚!谁说小草报答得了三春阳光给它的养育之恩呢?谁说我们微薄的心意能够报答父母深深的慈爱与关切呢?

诗中,孟郊选取了慈母缝衣的普通场景,没有叮咛,也没有眼泪,然而一片真淳的母爱已从这普通的场景中流泻而出。诗的最后两句是前四句的升华:"谁言寸草心,报得三春晖。"诗人用反问的手法,通俗形象的比兴,强烈的对比,表达了赤子的感激之情:对于春天阳光般博厚的母爱,对于父母的养育之恩,区区小草似的儿女怎能报答万分之一呢!诗歌到此戛然而止,感情强烈。

这首诗写得非常朴实,没有华丽的描写,没有奇特的比喻,只是抓住了一个小小的生活细节,却写出了人类最深挚的感情。父母对我们的养育之情、养育之恩是我们应终生铭记的,父母之爱是世间最伟大的爱,最无私的不求回报的爱,这种爱是我们做再多的事情也无法完全报答的。

孔子曾经说过一句话:"父母在,不远游,游必有方。"这是什么意思呢?就是说,父母还健在的时候,孩子是不应该出远门的,如果非要出远门不可,也应该告诉父母自己的去向。因为古时候交通不发达,出一次远门可能要几个月、几年甚至十几年才能回来。当时的通信手段也很落后,托人往家里带信也不那么方便。而父母在家很多年见不到孩子,一定会为他担心,整天盼着他回来,心中会充满愁苦和焦虑。这就是孟郊诗中"临行密密缝,意恐迟迟归"的心情。

如果你还小,现在还不能为深深疼爱着你的父母做些什么,那么你应该知道,你现在最应该做的,就是让父母少为你操心,这是对父母之爱最好最直接的报答了。

社 稷

王者所以有社稷^①何？为天下求福报功。人非土不立，非谷不食。土地广博，不可遍敬也；五谷^②众多，不可一一祭也。故封土立社，示有土也；稷，五谷之长，故立稷而祭之也。

《白虎通义·社稷》

注解
① 社稷：土神和谷神的合称。社，土神。稷，谷神。
② 五谷：通常指稻、黍、稷、麦、豆，泛指粮食作物。

北京社稷坛（今中山公园）

听老师讲

大自然的恩赐

这段话的意思是:君主为什么要祭祀社稷呢?是为天下百姓祈福,并报告治理的功绩,感谢神的庇佑。人民没有土地,就无处容身,没有谷物,就吃不饱饭。土地广大无边,不能都敬拜到;五谷种类繁多,不能都祭祀到。所以立土神,表示对土地的尊敬;稷为五谷之长,立为谷神祭祀他。

土地和谷物是人们生存所必需的东西,古代的人们

古人种稻场景

对土地和谷物怀有无比的深情与敬意。君主代表国家祭祀土神、谷神，就是表达对土地、谷物的感恩之情。这种感恩之情表现在语言上，就是以代表土地和谷物的"社稷"一词作为国家政权的象征，用"社稷"指称国家。

春秋时期，晋国发生内乱，公子重耳被迫逃了出来，一行人慌慌张张地逃命。有一天，他们走了几十里路也看不见人家，肚子饿得直叫。见到远处田野里有几个农夫在耕地，重耳就走过去，恳求说："求你们给点吃

重耳逃亡在外，备尝艰辛。

的吧,我们好几天没吃东西了。"一个农夫看了看他们,从田里捧来一大块泥土,递到重耳面前说:"这个给你吧。"重耳大怒,拿起马鞭便要打那个农夫。这时重耳手下一个叫狐偃的臣子说:"泥土就是土地,老百姓把土地送给我们了,这可是好兆头啊,说明您兴复晋国有望了。"重耳听了,赶紧跪地感谢上天,恭恭敬敬地接过了泥土,上车走了。后来,重耳经历了十九年的流亡生活,终于回到晋国,做了国君,他就是鼎鼎大名的晋文公。

老百姓更是对土地和粮食有特殊的感激之情。古代很多村庄都供奉土地神,这些土地神造型亲切,就像普通的乡间老人,一点神像的威严也没有,被人们亲切地称为"土地公公"。与其说人们是在供奉神灵,还不如说人们是在表达对土地的喜爱和亲近之意。现在中国的很多地区还保留着给五谷神过生日的习俗。传说每年农历十月十五日是五谷神的生日,这一天要把新打的稻米蒸成饭,做成供品的样子,再烧香叩头,祈求五谷神保佑年年丰收。

人们对土地和粮食怀有感激之情,因为它们是养育万物的源泉。我们要感激大自然的恩赐,珍惜每一寸土地,珍惜每一粒粮食,只有这样,我们的民族才能繁衍,国家才能昌盛。

稻子自古以来就是重要的作物。

第六单元

志同道合

珍贵的朋友情谊

- ◎ 益友损友
- ◎ 高山流水
- ◎ 代友受过
- ◎ 临危护友

古 琴

　　古琴是中华民族最早的弹拨乐器之一，是中华民族传统文化的瑰宝。

　　琴究竟最早产生于何时，现在还是一个谜。古代或传说是神农氏所创，或传说是伏羲所创，还有传说是尧、舜所创。这些传说虽难以为凭，但表明古人相信琴的出现非常久远。

　　有关古琴的记载最早见于《诗经》《尚书》等文献。《尚书》载："舜弹五弦之琴，歌《南风》之诗，而天下治。"可知早期的琴为五弦。周代时已有七弦琴。三国时期，古琴七弦的形制已基本稳定，一直延续到现在。

　　古琴是一种充满着文化内涵的乐器。仅就琴形而言，就可以说通身是韵。琴一般长约三尺六寸五分（120厘米左右），象征一年三百六十五天。一般宽约六寸（20厘米左右），厚约二寸（6厘米左右）。古琴最早是依凤凰的身形制成，其全身与凤身相应，有头，有颈，有肩，有腰，有尾，有足。七根琴弦象征七星；琴面上有十三个琴徽,象征一年十二个月和一个闰月。

古琴的音箱壁较厚,又相对较粗糙,所以发声别具韵味,饱含历史的沧桑感。

早在孔子的时代,琴就成为文人的必修乐器,两千多年来琴与古人的生活密切相关。孔子、蔡邕、嵇康、苏轼等都以善弹琴著称。琴乐神圣高雅,坦荡超逸,古人用它来抒发情感,寄托理想。古琴因此远远超越了乐器的意义,成为中国文化和理想人格的象征。

孔子向师襄学琴。

益友损友

孔子曰:"益者三友,损者三友。友直,友谅①,友多闻,益矣。友便辟②,友善柔③,友便佞④,损矣。"

《论语·季氏》

注解

① 谅:信。这里作"守信"讲。
② 便(pián)辟:谄媚,逢迎。
③ 善柔:假装和善,当面一套,背后一套。
④ 便佞:巧言善辩,阿谀逢迎。

周处斩蛟

| 听老师讲

交友之道

孔子说:"有益的朋友有三种,有害的朋友也有三种。与正直的人交朋友,与诚信的人交朋友,与知识广博的人交朋友,这是有益的。与谄媚逢迎的人交朋友,与表面奉承而背后诽谤人的人交朋友,与善于花言巧语的人交朋友,这是有害的。"

孔子的这段话意味深长,值得我们好好思考。朋友是每个人生活中不可缺少的,朋友的一举一动、一言一行都会对我们产生巨大的影响。我们应该怎样选择朋友?应该选择什么样的朋友?或许我们可以从古人的交友经验中得到一些启示。

周处自新的故事可谓家喻户晓,从中我们可以看出择友的重要性。周处原来是吴国人,他的父亲周鲂(fáng)做过鄱阳太守,但在周处很小的时候就去世了。周处从小就力气很大,很有天赋,但是他结交了一帮小混混,整天游手好闲,到处游逛,弄得周围百姓鸡犬不宁。

有一天，周处碰到村里的几个老人，都是一副愁眉苦脸的样子。周处觉得纳闷，就问他们："现在风调雨顺的，国家也还算太平，你们干吗这么不开心啊？"老人家叹了口气，对他说："三害还没有除，怎么快乐得起来啊？"周处听说还有什么三害，胸中的豪气马上就被激发起来了，拍拍胸脯说："什么三害啊？说出来听听！有我周处在，别怕，不管有几害，我都能除掉它！"老人家意味深长地看了他一眼，说："南山上的白额虎，长桥下的独角蛟龙，再加上你，就是三害啊。"

于是周处上山去搏虎，三两下就把老虎给除掉了；他又下水去擒蛟，费了三天三夜，与蛟搏击数十里，最后也把蛟给消灭了。当时乡里人以为周处已经和蛟龙同归于尽了，大家奔走相告，互相庆祝。不料这时候周处回来了，见到大家的表情，他这才知道大家有多么厌恶自己。周处很伤心，决心改掉过去的种种陋习。于是他和小混混们断绝了关系，离开家乡，去找当时吴国修养最高、最有声望的陆机和陆云兄弟俩，打算和他们交朋友，向他们学习文化知识，提高自己的修养，不想再做草莽之人。当时陆机不在，周处见到了陆云。

周处说："我想要改正错误，可是岁月已经荒废了，恐怕我不会有什么成就了吧。"陆机回答道："圣人说，早上明白了道理，即使晚上死去也心甘情愿，况且你的前途还是有希望的。再说人就怕立不下志向，只要能立志，又何必担忧好名声不能远扬呢？"于是周处就跟着陆机、陆云学习，和他们成为朋友，终于学有所成，成为一名忠臣，在历史上留下了美名。

友情是生活的调味剂，使我们的生活变得丰富多彩。但朋友也分好多种，不是每一种朋友都是有益的。朋友有好有坏，有真正知心的，也有虚情假意的。古人说得好："近朱者赤，近墨者黑。"我们在选择朋友、结交朋友的时候，怎能不谨慎呢！

高山流水

伯牙①善鼓琴②,钟子期③善听。伯牙鼓琴,志在高山,钟子期曰:"善哉,峨峨④兮若泰山。"志在流水,钟子期曰:"善哉,洋洋⑤兮若江河。"伯牙所念⑥,钟子期必得之⑦。伯牙游于泰山之阴⑧,卒⑨逢暴雨,止于岩下,心悲,乃援⑩琴而鼓之。初为霖雨之操⑪,更造⑫崩山之音,曲每奏,钟子期辄⑬穷其趣⑭。伯牙乃舍⑮琴而叹曰:"善哉,善哉,子之听夫志,想象犹吾心也⑯,吾于何逃声哉⑰?"

《列子·汤问》

注解

① 伯牙:春秋时楚国大臣(一说是鲁国大夫),是当时的著名琴师。
② 鼓琴:弹琴。
③ 钟子期:春秋时楚国的一名樵夫,深通音律。

④ 峨峨：山体高大的样子。
⑤ 洋洋：水势盛大的样子。
⑥ 所念：心里想的。
⑦ 必得之：一定能领会到。
⑧ 阴：山的北面为"阴"。
⑨ 卒：通"猝"，突然。
⑩ 援：执，拿。
⑪ 霖雨之操：大雨的琴曲。霖，连绵的大雨。操，琴曲。
⑫ 造：制造，这里的意思是"弹奏出"。
⑬ 辄：就。
⑭ 穷其趣：完全理解他的心情。
⑮ 舍：放下。
⑯ 子之听夫志，想象犹吾心也：你听琴音，所想到的就是我心中所要表现的。
⑰ 吾于何逃声哉：我在哪里隐藏我的声音呢？意思是说，你真是我的知音啊！

听老师讲

知己可贵

这则故事讲的是,在两千多年前的春秋时代,有个叫伯牙的人,精通音律,琴艺高超,是当时著名的琴师。有个叫钟子期的樵夫,他乐感非常好,擅长听琴。

伯牙弹奏时,心中想着巍峨高耸的山脉,钟子期说道:"好啊!雄伟庄重,好像高耸入云的巍巍泰山!"伯牙弹奏表现奔腾澎湃的波涛的乐曲时,钟子期又说:"好啊!浩浩荡荡,好像滚滚奔流的长江黄河一般!"每次伯牙弹奏乐曲时,心里想表现什么,钟子期都能心领神会。

后来,伯牙在泰山之北游玩,突然遇到暴雨,只好在山岩下面避雨。他心情悲凉,于是就拿起琴弹奏起来。开始弹奏的是表现连绵大雨的乐曲,接着又弹奏表现山崩地裂的音乐,每弹奏一首曲子,钟子期都能完全理解他的心情。伯牙于是放下琴感叹说:"好啊!好啊!你听琴音,所想到的就是我心中所要表现的,你真是我的知音啊!"

后来，钟子期去世了，伯牙十分悲伤，觉得世界上再也没有人能像钟子期一样欣赏他的乐曲了。他悲愤地摔碎了心爱的古琴，从此再也不弹奏音乐，以此来怀念他的好朋友钟子期。

这个故事流传千年，是对于深厚友谊的讴歌。从中还产生了"高山流水"这一成语，用来形容乐曲高妙。

唐代大诗人李白和杜甫之间的友谊也像他们的诗歌一样被人们广为赞颂，他们之间的深情厚谊真可谓诗坛佳话。

李白和杜甫的人生经历非常相似。少年时都勤奋好学，饱读诗书。青年时都游历各地，积累了知识和见识。两人都差不多四十多岁开始做官，同样又因为不擅长官场的那一套而过起了漂泊的生活。

天宝三年（744），杜甫和李白在洛阳初次见面。李白当时已经是名扬天下的大诗人了，但因为触犯权贵而被迫离开官场。杜甫没有考中进士，还默默无闻。他们两人一见面就很投缘，大有相见恨晚的意思。他们常常举杯畅饮，携手同游，谈诗论文，议论时事。尽管后来他们又各奔东西,但还是一直保持着真挚的友情,不时互相赠送诗歌,表达思念之情。杜甫的诗中充满了对李白的崇敬和思念,对李白诗歌风格的评价也十分恰当。如《春日忆李白》:"白也诗无敌,飘然思不群。清新庾开府,俊逸鲍参军。渭北春天树,江东日暮云。何时一樽酒,重与细论文。"

听着这样的故事,我们的心中怎能不充满感动!人之相识,贵在相知,人之相知,贵在知心。真正知心的朋友,像流水淙淙,月光溶溶,如和风轻轻,行云缓缓,慰藉着我们的心灵。人生能有真正的知己,是多么幸福的事情!

李 白

代友受过

直不疑①者,南阳人也。为郎②,事文帝。其同舍有告归,误持同舍郎金去,已而金主觉,妄③意④不疑,不疑谢有之⑤,买金偿。而告归者来而归金,而前郎亡金者大惭,以此称为长者。文帝称举⑥,稍⑦迁⑧至太中大夫⑨。

《史记·万石张叔列传》

注解

① 直不疑:姓直名不疑,西汉文帝时为官。
② 郎:帝王侍从官的通称,负责做皇帝的护卫陪从。
③ 妄:胡乱。
④ 意:猜测。
⑤ 谢有之:道歉承认有这回事。
⑥ 称举:赞誉提拔。
⑦ 稍:不久。
⑧ 迁:调动官职。
⑨ 太中大夫:官名。

听老师讲

重情重义

这则小故事讲的是汉代的直不疑替朋友遭受责难的故事。直不疑是南阳（今河南南阳）人，他担任郎官，侍奉汉文帝。一次，和他同住一室的一个人请假回家，错拿了同室另一个侍从的金子。过了些时候，金子的主人发觉了，就胡乱猜测是直不疑干的。直不疑向他道歉并承认了这件事，还买了金子偿还他。

不久，请假回家的那个侍从回来了，把金子归还给了先前丢失金子的人，金子的主人知道自己冤枉了直不疑，非常惭愧，因此对直不疑非常尊敬，把直不疑当作长者看待。文帝也称赞直不疑，并且提拔了他，过了不久他又被提拔为太中大夫。

直不疑不愿意陷朋友于不义，为了维护朋友的声誉，宁愿自己承担不好的名声，这是一种甘于为朋友付出的高尚精神。类似的故事在中华民族的历史中上演过许多次，东汉年间的陈重和雷义就是很好的例子。陈重是一位品德高尚、舍己为人的君子，年轻时和同乡的雷义结为朋友。他们一起研读《诗经》等经书，都是学问渊博的人才。

太守张云听说了陈重的名声，称赞他的道德品行，举荐他做官。陈重要把机会让给雷义，先后向太守申请十几次，太守没有批准。第二年，雷义也被选拔做官，两人就一起到郡府就职。

有一次，同事中有一个小官，家里突然遇到变故，欠下的债务和利息有数十万，债主天天上门要钱。那个小官跪在地上苦苦哀求，想延迟几天，但是债主不同意，说要到官府去告他。陈重得知这件事以后，便私下里替他还了债。小官听说后感恩戴德，登门拜谢，陈重却淡淡地说："这不是我做的，也许是与我同名同姓的人代你偿还的吧！"

还有一次，一个同事请假回乡奔丧，慌忙中错拿了别人的一条裤子，穿着回家了。失主怀疑是陈重拿走的。陈重也不为自己辩解，而是去买了一条新裤子赔给他。直到回乡奔丧的同事归来，事情才真相大白。

陈重的好朋友雷义也是这样做的。雷义担任尚书侍郎的时候，他的同事犯了罪，应当受到处罚。雷义为了帮助他，向上司上书解释，表示自己愿意一个人承担责任。那个同事听说了，非常感动，就放弃官职，进京陈述事件的来龙去脉，请求为雷义赎罪。后来皇帝下诏，雷义和他的同事一起被免除官职，但都没有受到其他责罚。

通过这些故事，我们可以看到，这些都是重情重义的人，当朋友做错事的时候，他们能勇敢地站出来，默默地帮朋友分担。他们心中想着朋友，不计较个人的得失。他们这种重视友情、代友受过的精神让我们感动。当然，朋友有了过失，我们也不能一味地袒护，把所有责任都背过来，这样对朋友对自己都有害而无益。有些"过"可以代，有些"过"不能代，我们在交友过程中要把握好这个度。

临危护友

荀巨伯远看友人疾①,值胡②贼攻郡,友人语巨伯曰:"吾今死矣,子可去!"巨伯曰:"远来相视,子令吾去,败义以求生,岂荀巨伯所行邪③!"贼既至,谓巨伯曰:"大军至,一郡尽空,汝何男子,而敢独止?"巨伯曰:"友人有疾,不忍委④之,宁以我身代友人命。"贼相谓曰:"吾辈无义之人,而入有义之国⑤。"遂班军⑥而还,一郡并获全。

《世说新语·德行》

注解

① 疾:生病。
② 胡:古代对北方和西部各少数民族的泛称。
③ 邪:通"耶",相当于"吗"。
④ 委:丢弃。
⑤ 国:地方。
⑥ 班军:撤回军队。

| 听老师讲

患难与共

　　这一则讲的是荀巨伯在危难关头守护朋友的故事。荀巨伯从老远的地方赶来看望生病的朋友,正好碰上一支外族部队攻打这座城。荀巨伯的朋友对他说:"我这次肯定活不成了,你赶快离开吧!"荀巨伯说:"我大老远来探望你,你却叫我离开,让我损害道义来求得生存,

送别友人

这难道是我荀巨伯会做的事情吗？"敌军攻进城里，对荀巨伯说："我们的大军到了，整个城里的人都跑光了，你是什么人，竟然敢独自留下来？"荀巨伯说："我的朋友正在生病，我不忍心丢下他不管，我宁可以我自己的性命来换我朋友的性命。"敌军相互议论说："我们真是一群不讲道义的人，却到了这个讲道义的地方。"于是敌军撤军回去，全郡都安然无恙。

荀巨伯冒着生命危险，与朋友患难与共，这真令人感动。春秋时期左伯桃和羊角哀的故事，也树立起了忠于友谊的典范。左伯桃自幼父母双亡，他发奋读书，胸怀抱负。他听说楚王十分贤明，就决心去投奔楚王，实现自己的救世理想。

那时正是严冬，下着大雪，左伯桃走了一天，饥寒交迫，他望见远处竹林中有一间茅屋，就来到这间茅屋前敲门借宿。屋里的书生热情地接待了他。书生名叫羊角哀，也是孤儿，平生爱好读书，也有救国救民的志向。他们越谈越投机，就结拜为兄弟。

左伯桃见羊角哀志向远大，学问又好，就劝说他一同到楚国去。

他们跋山涉水好多天，眼看着干粮快吃完了，天又降下了大雪。左伯桃心想："这点干粮只能给一个人吃，才能到达楚国，要不然两个人都要饿死。"他知道自己学问不如羊角哀，便决心牺牲自己，去成全羊角哀的理想。他故意摔倒在地上，叫羊角哀去搬块大石来让他坐着休息。等羊角哀把石头搬来，左伯桃已经脱掉了自己的衣服，躺在雪地上，冻得只剩下一口气了。羊角哀悲痛万分。左伯桃对羊角哀说："我不行了，不要管我，你快穿上我的衣服，带上干粮，去楚国实现自己的理想吧。"说完这些话，左伯桃就死了。

后来，羊角哀到了楚国，受到楚王的召见。羊角哀上奏了十条建议，楚王听了很高兴，要拜羊角哀做中大夫，赏赐他金银珠宝。但是羊角哀放弃了这一切，他要去寻找左伯桃的尸首。

羊角哀找到左伯桃的尸首之后，给左伯桃洗澡安葬，自己一直留在那里守墓，直到去世。楚王知道这个消息后，特意为他们建立了一座庙，来纪念这两位感情深厚的义士。

我国有句谚语:"岁寒知松柏,患难见真情。"患难是一面镜子,可以帮助我们重新认识朋友。那些在危急时刻陪伴我们、帮助我们的朋友,才是可以信赖的朋友。

羊角哀、左伯桃合葬墓

第七单元

杨柳依依

悠悠的离情别绪

- 芙蓉楼送辛渐
- 送友人
- 喜见外弟又言别
- 卜算子·送鲍浩然之浙东

你必须知道的

古人的名和字

此前,我们接触过一些人名和他们的字:杨震字伯起,孔融字文举,管宁字幼安,曹操字孟德,杨修字德祖,孙权字仲谋,白居易字乐天……既起名,又取字,这是中国古代姓名文化的独特传统之一,那么,古人的名和字又是如何取的呢?

从周代开始,人们在名以外又另取字。据《礼记》等典籍的记载,上古时婴儿出生三个月后由父亲命名,这就是所谓的"幼名""小名";男子二十岁成人举行冠礼(结发加冠)时取字,女子十五岁许嫁举行笄(jī)礼(结发加笄)时取字。可见,古人的字是在举行成年礼时才取的,故古人又称冠礼、笄礼为"命字礼"。

名以外取字,有什么作用呢?人一出生就要起名,是为了分别彼此。对小孩直呼其名,不会有什么顾忌,但对已经成年的人直呼其名,就显得不够尊重,取字正是为了解决这一问题。所以,古人的名主要用于自己称呼自己,古人的字主要用于他人称呼自己。什么时候称字,什么时候称名,要依对话双方的关系地位而定。地位差不多的,尊称别人用字不用名,谦称自己用名不用字;而长辈对晚辈、老师对学生、上级对下级,也可以称名而不称字,这样显得更亲切。如果说起名是为了区分彼此,那么取字就是为了区分尊卑。这就是名与字功能的基本区别。

着冠的古人

芙蓉楼①送辛渐②

王昌龄

寒雨③连江夜入吴④,

平明⑤送客楚山⑥孤。

洛阳亲友如相问,

一片冰心⑦在玉壶⑧。

注解
① 芙蓉楼:楼名,唐朝润州城(今江苏省镇江市)西北的角楼。
② 辛渐:王昌龄的朋友。
③ 寒雨:秋冬时节的冷雨。
④ 吴:润州在吴地。
⑤ 平明:天亮的时候,清晨。
⑥ 楚山:楚地的山,同样指润州一带,因这里曾经是楚国的土地。
⑦ 冰心:像冰一样晶莹洁白的心。
⑧ 玉壶:用洁白的玉石做成的壶。这句诗比喻诗人为人高尚正直,心地纯洁,不容污垢。

听老师讲

平明送客楚山孤

　　这是一首流传千古的送别诗,作者是盛唐著名边塞诗人王昌龄。王昌龄字少伯,最擅长七言绝句,被称为"七绝圣手"。这首《芙蓉楼送辛渐》就是他的代表作之一,有着含蓄蕴藉的特点。诗的大意是:昨夜,吴地秋雨绵绵,雨水与江面连成一片。天刚刚亮,我在芙蓉楼送别友人,甚至觉得此地的山都是孤零零的。洛阳的亲朋好友如果问起我的近况,请告诉他们,我如同装在玉壶中的冰一样晶莹洁白,一尘不染。

长江名楼芙蓉楼

这首诗之所以历来被人们赞美传颂，是因为它构思新颖，风格独特。第一句从昨夜秋雨写起，让我们感到送别的冷清气氛。第二句告诉我们送别的时间、地点，"楚山孤"暗示了自己送客时依依不舍、孤独寂寞的心情。作者把复杂的感情寄托在景色当中，景色似乎也带上了离别的色彩和情绪。这就是唐诗中经常使用的借景抒情或寓情于景的手法。

诗的后两句别出心裁，巧妙地运用一问一答的形式，设想朋友到了洛阳之后的情况。辛渐是王昌龄的同乡，辛渐回到故乡，亲友们一定会问到王昌龄的情况，所以王昌龄特别嘱托他："家乡的亲友如果问到我现在的情况，你就说，我的为人就像那晶莹剔透的冰雪，装在洁白的玉壶之中。"表明自己虽然遭到贬职，但不会改变玉洁冰清的志向和节操。

全诗不仅写了离愁别绪，而且表现了作者的高风亮节。全诗格调开朗，感情真挚，把景色和心情融为一体，韵味无穷。

送友人

李 白

青山横北郭①,白水绕东城。

此地一为别②,孤蓬③万里征。

浮云④游子意,落日故人⑤情。

挥手自兹⑥去,萧萧⑦班马⑧鸣。

注解

① 郭:外城。古代的城分为内城和外城。
② 为别:作别。
③ 孤蓬:古人常用随风飘散的蓬草比喻到处漂泊的游子,此处用来比喻友人远行。
④ 浮云:飘忽不定的云,用以比喻友人的心情。
⑤ 故人:老朋友,这里指作者自己。
⑥ 自兹:从此。
⑦ 萧萧:马嘶叫的声音。
⑧ 班马:离群的马。

听老师讲

孤蓬万里征

这是诗仙李白写的一首著名的送别诗。李白是唐代的大诗人,他性格豪迈,写的诗歌热情奔放,雄奇壮丽。李白喜欢自由自在的生活,他游览过很多名山大川,结交了很多知心朋友,他的一生是十分潇洒浪漫的。

这首诗的大意是:青翠的山峰横卧城北,清澈的流水从城东绕过。在这里我们分手告别,你就要像孤单的

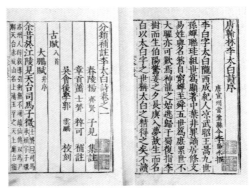

《分类补注李太白诗》书影

蓬草远行万里。飘浮不定的浮云就如同游子的心境，西沉的落日就像我依依惜别的深情。我们挥手告别从此离去，马儿萧萧长鸣也像不愿分别。

这首诗是送别诗中的佳作，千百年来为人们所传诵，那么它的特色在哪里呢？第一、二句点出告别的地点和景色。青山白水，构成一幅色彩清丽的画面，也象征着诗人和朋友之间深厚而纯洁的友谊，构思极为新颖。

接下去两句写情。诗人借孤蓬来比喻友人的漂泊生涯，表达了诗人对友人的深切关心，写得流畅自然，感情真挚。

第五、六句，诗人不仅仅是写景，而且还巧妙地借景抒情：你就像天边的浮云，行踪不定，谁知道你会漂泊到何处呢？缓缓西沉的落日，传达出无限的感慨和无奈，这正是诗人此刻心情的象征啊！

结尾两句写离别时的场景。诗人和友人在马上挥手告别，马儿似乎和主人的心意相通，也为他们的离别感到难过，不时发出萧萧的长鸣。

这首诗自然明快,把依依惜别的情感写得非常真切。诗中青翠的山峦,清澈的流水,火红的落日,洁白的浮云,再加上马儿长鸣,组成了一幅有声有色的画面,画面中流动着无限温馨的情意,感人肺腑。

李白"一生好入名山游"。

喜见外弟^①又言别

李 益

十年离乱^②后,长大一相逢。

问姓惊初见,称名忆旧容。

别来沧海^③事,语罢暮天钟。

明日巴陵^④道,秋山又几重。

注解

① 外弟:表弟。
② 十年离乱:长时间的动荡与分离。作者幼年经历安史之乱,后来又目睹了社会的动荡不安,所以这样说。
③ 沧海:指沧海桑田,用的是传说中麻姑仙人看到沧海变桑田的典故,比喻世事变迁。
④ 巴陵:唐代郡名,郡府在今湖南省岳阳市。

> 听老师讲

秋山又几重

　　这是一首写表兄弟因战乱阔别多年之后，忽然相逢又匆匆离别的诗。少年时代诗人和他的表弟非常要好，后来因为爆发了安史之乱，社会动荡，很多人都无家可归，诗人兄弟俩也不得不分开，从此天各一方，过着颠沛流离的生活。这首诗写出了人类普遍的情感和生活中聚散离合的场景，所以读来分外感人。诗的大意是：多年的离散之后，长大了竟意外相逢。刚刚见面问起姓名有点惊讶，叫着对方的名字，回忆起过去的面容。聊着分别后世事的沧桑变幻，聊完已是黄昏钟声响起的时候了。明天表弟将要去巴陵，不知道我们兄弟之间又会隔着多少座秋山。

　　第一、二句开门见山，介绍两人相逢的背景。短短两句话，不仅指出离别时间长，还说明这是因社会动乱而产生的离别，使我们想起当时社会战乱频繁、民不聊生的背景。

　　第三、四句正面描写重逢时的情景。诗人抓住"初见"的一瞬间，做了生动的描绘。面对一个似曾相识的陌生人，两人客气地询问对方姓名，却发现原来是旧识，不由得十分惊讶。两个人又像许多年前一样叫着彼此的名字，回想起对方以前的样子。

十年阔别，一朝相遇，兄弟俩该有多少话要说！第五、六句表现了这热烈倾诉的场面。他们激动地讲着分别后的事，直到远处传来寺院的钟声，才意识到已是黄昏时分。从这些细节我们可以看出兄弟间情谊的深厚。

苍茫边关见证了历史上无数战争。

前六句写"喜见",突出了一个"喜"字;七、八句转入"言别"。聚散匆匆,诗人和表弟刚见面不久又要告别了。"秋山又几重"使我们想到诗人将和表弟各奔东西,相隔千山万水,这里蕴含着作者感伤的离别情绪。

这首诗中的一些情景和细节,是很多人都亲身经历过的,朴素自然,所以更能打动人心。诗中凝练的语言,生动的细节,展现了社会动乱中人生聚散的一幕,抒发了真挚的兄弟情谊和对社会动乱的感慨之情。

秋山又几重

卜算子①·送鲍浩然之②浙东

王 观

水是眼波横,山是眉峰聚。欲问行人③去那边④,眉眼盈盈处⑤。

才始送春归,又送君归去。若到江南赶上春,千万和春住。

注解
① 卜算子:词牌名。
② 之:到……去。
③ 行人:远行的人。
④ 那边:哪里。那,通"哪"。
⑤ 眉眼盈盈处:喻指山水秀丽的地方。盈盈,美好的样子。

|听老师讲

又送君归去

这是一首别具一格的送别词。词人王观要送他的朋友去浙江,他先为江南山水做了一番预告,然后祝福朋友一路顺风,好好欣赏江南美景。

这首词的大意是:水好像是美人的眼波横流,山好像是美人的眉峰攒聚。要问远行的人去哪里,正是去山明水秀的浙东。刚刚才送走了春天,又要送你回去了。要是到江南正赶上春天,你一定要留住春光。

这首词活泼轻快,一改离别诗词的那种沉重忧郁的风格。开篇二句词人就别出心裁,把江南的青山秀水比作美人的眉峰和眼波,美景和美人相映成趣。苏轼也有"欲把西湖比西子,淡妆浓抹总相宜"的名句。在诗人们眼中,美景和美人有着相似之处,她们都是温柔可人的,都使人百看不厌,心情舒畅。词人的生花妙笔,使原本无情的山水带上了感情,引人入胜。

"欲问行人"二句,用笔灵动,富有新意。作者巧妙地一问一答,点明朋友要去的地方是秀丽的江南,又联想到那里山美水美人也美,朋友此行一定非常愉快。

接下来"才始送春归"二句抒写离情别绪:送走了繁花似锦的春天,心情已经有点惆怅了,现在又要送别好朋友,更增添了无奈的情绪。

结尾"若到江南"二句,词人再发奇想,叮嘱友人,如果能赶上江南的春光,一定要好好珍惜,在江南度过美好的时光。因此,这惜春之情的背后蕴含的是对友人的祝福之意。

这首词构思新巧,笔调轻快,活泼俏皮,耐人寻味。把离别写得如此之美,这也许就是后人推崇它、喜爱它的缘故吧。

送别图

第八单元

东望故园

绵长的乡情乡思

◎ 悲 歌
◎ 月夜忆舍弟
◎ 秋 思
◎ 长相思

思乡诗词

中国古人具有强烈的安土重迁（安居于本乡本土，不愿意轻易迁移）观念，对于故土家园一往情深，然而在现实生活中，却常常由于战乱、做官、游学、经商等原因，不得不远离故乡。在交通不便的古代社会，这样的离乡漂泊往往长达几年，甚至几十年，重返故乡的日子总是遥遥无期，因而远方的故园也就分外让人魂萦梦牵。浓得化不开的乡愁倾泻于笔端，倾注于诗词作品中，使思乡成为古代诗词创作的一个重要主题。

思乡诗词从《诗经》时代就有了。"昔我往矣，杨柳依依。今我来思，雨雪霏霏"，一首《采薇》，把乡愁表现得分外动人。此后数千年中，涌现出无数感人肺腑的作品，有"举头望明月，低头思故乡"的朴素牵挂，有"今春看又过，何日是归年"的无奈慨叹，无不令人伤怀。无论是在社会动荡时期，还是在社会繁荣时期，思乡诗词的蓬勃发展都从未间断过。

古代思乡诗词的内涵是多种多样的：有远戍边关

的战士对于故乡的思念,有漂泊他乡的游子对于故土人情、亲朋故旧的缱绻(qiǎn quǎn)深情,也有对过去时光的追忆,对安定惬意的生活的向往。

家是避风港,家是游子魂牵梦绕的地方,只要这个世界上有离别,有远行,思乡诗词就不会消失,它会一直活跃在诗人的笔下,倾吐着渴望回归、思念故土的心声。

寻根问祖是中国人"叶落归根"观念的表现。

悲 歌

悲歌可以当①泣,远望可以当归。

思念故乡,郁郁累累②。

欲归家无人,欲渡河无船。

心思③不能言,肠中车轮转④。

《乐府诗集》

注解

① 当:代替。

② 郁郁累累:忧愁失意的样子。

③ 思:悲伤。

④ 肠中车轮转:汉魏六朝习语,形容极度悲伤。

《乐府诗集》书影

| 听老师讲

远望可以当归

这首诗是一首汉乐府民歌,大意是:姑且唱一支悲伤的歌代替哭泣;眺望家乡的方向,就当回到了故乡。我日夜思念故乡,一刻也不能停止,内心极度痛苦。但是,想要回家,家中已没有亲人;想要过河,却找不到船只。于是,我满怀悲愁无处诉说,这种不休止的折磨啊,就像车轮在肠中转来转去。

一般的思乡诗都会先写景,然后再写到人的思乡心情。这首诗却不一样,它直接抒发思乡的情感,如第三句直接用"思念故乡"点出中心,一下子把一个处在绝望心情之中的游子形象刻画了出来。

全诗可以分为两层,前四句写游子在急切的思乡之情驱使下,只能以悲歌与远望来寄托自己的思念。然而,悲歌只能使哀伤更甚,远望也代替不了回乡,反而使人心里更加难过。后四句写游子无家可归的绝望,写出了游子处处受阻、前途坎坷、走投无路的痛苦。

《史记·项羽本纪》写到项羽被刘邦打败,在垓下和虞姬告别时,"乃悲歌慷慨"。这里的"悲歌慷慨"指的就是项羽没有眼泪,而以悲歌来抒发一种更深的悲观绝望。远望聊以当归,但是故乡其实是望不见的,为什么游子仍然在望呢?因为望得越远,看到的景物也就离故乡越近,似乎自己的身心也就离故乡更近了些吧?"思念故乡",这一句口语并不让人感觉重复啰唆,反倒让人觉得,只有这样明明白白地说出来,才能把这思念之情表达得透彻。

本来,回家是为了与亲人团聚,可如果亲人都不在了,即使真的回家,又有什么意义?可是游子仍然不能停止对故乡的思念,不放弃回乡的努力,仍然要继续向着故乡的方向眺望,可以想象,这中间隐含着诗人怎样的深情和执着啊!

读了这首诗,我们可以感到,似乎自己也同诗人一样登上了高处,向着故乡的方向眺望。眺望带给我们的是想象与梦幻,于是,那些故乡中不能忘记的人、不能忘记的事物、不能忘记的场景又一一出现在我们的眼前。

有一天,当我们长大了,离开父母和其他亲人,远离家乡到一个陌生的地方,我们也会处在深深的思念之中。那时,或许我们会想起这首诗——读《悲歌》可以当归。

远望当归

月夜忆舍弟①

杜 甫

戍鼓②断人行③,边秋一雁声。

露④从今夜白,月是故乡明。

有弟皆分散,无家⑤问死生。

寄书长⑥不达⑦,况乃⑧未休⑨兵。

注解

① 舍(shè)弟:谦称,用于向别人称自己的弟弟。
② 戍鼓:戍楼上的更鼓。
③ 断人行:指鼓声响起后,城中戒严,禁止人夜间活动。
④ 露:指二十四节气中的白露。
⑤ 无家:指兄弟分散,家中无人。
⑥ 长:一直,总是。
⑦ 达:送达,送到。
⑧ 况乃:何况是。
⑨ 休:停止。

| 听老师讲

月是故乡明

　　这首诗大意是：戍楼刚响过更鼓，看不见路上有任何行人的身影；秋天的边塞，只听见一只孤雁悲切的叫声。天气转凉，夜里开始有露水了，月亮却还是故乡的最明亮。我有兄弟，却各自东西，海角天涯；家已残破，生死消息何处寻？寄去书信，久久无法到达，更何况烽火连天，叛乱未平，战争还没有结束。

　　这首诗的背景是安史之乱。唐朝由强盛转入衰弱，是从安史之乱开始的，"安"指安禄山，"史"指史思

杜　甫

明，他们发动叛乱，企图推翻唐王朝。这首诗是唐乾元二年（759）秋杜甫在秦州所作，这时正是安史之乱的第四年。九月，史思明从范阳引兵南下，攻陷汴州，西进洛阳，山东、河南都处于战乱之中。杜甫共有四个弟弟，而这年到秦州时，只有最小的弟弟杜占跟他在一起，另外三个弟弟杜颖、杜观、杜丰分别流落在河南、山东，下落不明。当时，由于战事阻隔，音信不通，杜甫非常挂念三个弟弟，《月夜忆舍弟》就是他当时思想感情的真实记录。

诗的题目里有"月夜"，作者却不从月夜写起，而是在一、二句中，先描绘了一幅边塞秋天的图景，展现诗人所见所闻的一片凄凉。这两句诗渲染了浓重的悲凉气氛，是月夜的背景。

三、四句中，明明是同一个月亮，但作者偏说故乡的月亮最明亮。这里诗人写的不完全是实景，而是把自己的主观感情融进去了，月是故乡明，这是他自己的心理幻觉，但他说得那么肯定，不容怀疑。然而，这样说却并不使我们觉得不合情理。为何如此呢？因为诗人以移情的修辞手法，巧妙地点出了诗的中心——思乡，在自然景物描写中融入了浓厚的主观感受，这是诗人深切思念家乡和亲人的真情实感的自然流露。

望月怀乡，闻戍鼓，听雁声，见寒露，都让诗人感物伤怀，油然而生思亲之情。因此，后四句诗就自然而然地由望月转入抒情。

五、六句的语气分外沉痛。月光常会引人遐想，更容易勾起思乡之念，加上诗人遭逢离乱，自然更是别有一番滋味在心头。他的绵绵愁思中夹杂着生离死别的焦虑不安。兄弟离散，天各一方，生死未卜，这不仅是诗人的遭遇，也是安史之乱中人民饱经忧患丧乱的普遍遭

杜甫《秋兴》（赵孟頫书）

遇。末二句，诗人说亲人们四处流散，寄往洛阳的家书常常不能送达，更何况战事频仍，生死茫茫更难预料。从这里我们不难体会出诗人的无限感伤。

这首诗把怀乡思亲的感情写得凄楚哀伤，沉郁顿挫，它所给人的感动和冲击，远远超出同类题材的其他诗作，成为思乡作品中的名作，而"露从今夜白，月是故乡明"更是成为千古传诵的名句。

远飞的大雁常常引起人们无限乡愁。

秋 思

张 籍

洛阳城里见秋风,

欲作家书意万重①。

复恐匆匆说不尽,

行人临发又开封②。

注解

① 意万重:形容要表达的意思很多。
② 开封:把封好的信拆开。

中国最早的战地家书——黑夫家书

| 听老师讲

欲作家书意万重

这是唐代诗人张籍的一首七言绝句，大意是：洛阳城里一下子刮起了秋风，我想写一封信给家里人，我要说的话很多很多。人家帮我带上了信马上就要出发了，我又担心没有把心里的话说完，于是让他停下来，打开信封，看看信中还有什么没有写上。

这首诗第一句中最重要的词是"见"，可是秋风明明是无形的，虽可闻、可触、可感，却不可见。但是，正如春风可以染绿大地、带来无边春色一样，秋风带来的是层林尽染，百花凋零，所以它虽然无形，但其实处处可见。这一个平淡而富于内涵的"见"字，给予了我们丰富的暗示和联想。

第二句中最重要的词是"欲"。"欲"表达的是诗人铺纸落笔之际的情形：心里觉得有说不完、写不尽的话需要倾吐，而一时间竟不知从何处说起，也不知如何表达。这种迟迟不能下笔的生动情景，变得鲜明可感、易于想象。

后两句只剪取了一个细节——当捎信的人就要上路的时候，诗人却忽然感到，由于匆忙和激动，好像信里漏写了什么重要的内容，于是又匆匆喊住对方，拆开信封来再看一遍。句中的"复恐"二字，把诗人的心理活动刻画得细致入微。这个场景看似简单，却是对日常生活的提炼和典型化。这一细节描写成为全诗最有魅力最生动的一笔。

秋风吹开了朵朵菊花。

绝句很短，只有四句，要在四句中讲好一件事，就需要诗人具有提炼能力和概括能力。张籍这首《秋思》从日常生活中选取场景，把自己要寄家书时的思想活动和行动细节，非常真切细腻地表现出来，让我们体会到了诗人对家乡亲人的深切怀念。它截取了日常生活中的一个片段，深入挖掘人物感情，以平淡的语言写款款深情，被古人评价为"七绝之绝境"，是七绝中的杰作。

曾国藩家书

长相思

纳兰性德

山一程,水一程①,身向榆关②那畔③行。夜深千帐④灯。

风一更,雪一更⑤,聒⑥碎乡心梦不成。故园无此声。

注解

① 山一程,水一程:表明越过了一座座山,渡过了一条条河,路途遥远。
② 榆关:指山海关。
③ 那畔:那边,此处指关外。
④ 帐:军营的帐篷。
⑤ 风一更,雪一更:表明整个晚上风雪交加。"更"是古时夜里的计时单位,一夜分为五更,每更约二小时。
⑥ 聒(guō):声音嘈杂。

听老师讲

无尽的乡愁

这首词的大意是：亲人送别，一程又一程，山上水边，映着依依惜别的身影。我使命在身，向山海关进发，行色匆匆，带着豪情，来到边关。我们夜晚宿营，帐篷的灯光星星点点，在漆黑的夜幕下，烈烈壮士情油然而生。

夜深人静，风雪交加，谁不思念家乡呢？但是路途遥远，难诉衷肠，我辗转反侧，无法入睡。我思乡心切，孤单落寞，不由得埋怨起天气来："在我的故乡，几时有这样聒耳的风雪声？"

纳兰性德

当然，故园岂无风雪？但同样的风雪之声，在家乡听与在异乡听，自然会有不同的感受。这首《长相思》曾经打动无数游子的心。它的作者是清初著名词人，与朱彝尊、陈维崧并称"清词三大家"的纳兰性德。

纳兰性德（1655—1685），字容若，他的父亲是中堂纳兰明珠，权倾朝野。纳兰容若文武兼备，他十八岁中举，二十岁就已经经历了乡试、会试、殿试，中了进士，名震天下。但他对自己显赫的身世"冷笑置之而已"，可见他性格清高绝俗。他还常常说自己"不是人间富贵花"，而是天上的"痴情种"，所以许多人认为《红楼梦》中的贾宝玉就是以纳兰容若为原型的。

这首小令可以算是纳兰性德最广为人知的一首词，写于康熙二十一年（1682），这一年，纳兰二十八岁。他向来甚得康熙厚爱，每次康熙到关内关外、江南江北各地巡游，纳兰性德都是皇帝身边的随行侍卫。这首词就是他在随康熙皇帝出山海关祭祀长白山的途中写下的。全词几乎全用口语，浅显而质朴，却是诗词中的思乡名篇。

第九单元

心怀天下

赤诚的爱国之心

- ◎ 苏武牧羊
- ◎ 卜式捐财
- ◎ 满江红
- ◎ 十一月四日风雨大作

中华民族

中华民族是我国各民族的统称，指定居于我国领土内的所有民族。今天的中华民族包括汉族、蒙古族、回族、藏族、维吾尔族、苗族等56个民族。

作为中华民族的儿女，我们常常自称"炎黄子孙""龙的传人"，这些称号有着很强的文化意义。

相传在上古时代，黄河流域居住着许多分散的人群，他们依照亲属关系组成了氏族，很多氏族又联合起来组成部落。黄帝和炎帝是其中最大的两个部落的首领。黄帝部落和炎帝部落刚开始互相征战，后来又结成了部落联盟，逐渐发展壮大，成为中原地区的主体居民。后世的人们把黄帝和炎帝看成是中华民族的人文始祖，因此自称"炎黄子孙"。

龙是中国古代神话中的一种能呼风唤雨、上天入地的神异动物，古往今来的中国人都崇拜龙，认为龙有着神奇的力量和至高无上的地位，把龙作为中华民族的象征，因此自称"龙的传人"。

中华民族有着强大的凝聚力。在几千年的历史长河中，勤劳勇敢的中华儿女经受住了自然界和外敌的考验，创造了繁荣灿烂的文明，对人类社会产生了深远的影响。

中国的图腾崇拜——龙

苏武牧羊

（苏）武留①匈奴凡②十九岁③，始以强壮出④，及⑤还，须⑥发尽白。

《汉书·苏武传》

注解

① 留：被扣留。

② 凡：总共。

③ 十九岁：十九年。

④ 以强壮出：出发的时候还是一个壮年人。

⑤ 及：等到。

⑥ 须：胡须。

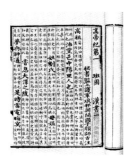

班固《汉书》书影

听老师讲

固守气节的苏武

这段文字的大意是:苏武被匈奴扣留总共十九年,当初他出使匈奴的时候还是一个壮年人,等到回国的时候,胡须和头发全都变白了。

苏武牧羊是我国历史上关于气节的一个经典故事。苏武是汉武帝派往匈奴的一名使节。西汉时,匈奴屡次进犯中原,又屡遭挫败,双方时战时和。一次,匈奴派来使节,向汉朝求和,于是不久后,汉武帝派苏武前往匈奴回访,回应其求和的善意。不料苏武到了匈奴之后,却被匈奴扣留。匈奴单(chán)于("单于"是匈奴首领的称号)威逼利诱,要苏武投降,但苏武忠诚于汉朝,宁死不屈。两军交战,不斩来使,单于无可奈何,只好把他送到偏远寒冷的荒原,让他在那里放羊。苏武手里拿着象征汉朝的符节,在茫茫荒原上孤独地牧羊。十九年后,匈奴再次向汉朝求和,苏武才得以回到故土。

是什么令苏武不选择投降,不选择富贵荣华的生活,而选择在严寒的荒原孤独地生活十九年?是气节。在中国传统文化中,气节是指为了内心崇高的理想、坚定的信念,不屈服于外在压力的一种品质。苏武认定自己是汉朝的外交大使,代表着国家民族的尊严,因此在任何情况下都不投降敌方。这就是苏武的气节。

当我们内心的正义、道德、理想、信念与其他问题发生矛盾时,与其茫然四顾、胡乱决策,不如多听听自己内心的声音,忠实于自己的内心,这样才能摆脱外在的束缚与困扰,升华自己的灵魂。这就是气节对于我们的意义和价值。

苏武牧羊

卜式捐财

时①汉方事匈奴②，（卜）式上书，愿输③家财半助边④。上使使⑤问式："欲为官乎？"式曰："自小牧羊，不习⑥仕宦⑦，不愿也。"使者曰："家岂⑧有冤，欲言事⑨乎？"式曰："臣生与人亡⑩所争，邑人⑪贫者贷⑫之，不善者教之，所居⑬，人皆从⑭式，式何故见冤⑮。"使者曰："苟⑯，子何欲？"式曰："天子诛⑰匈奴，愚⑱以为贤者宜死节⑲，有财者宜输之，如此而匈奴可灭也。"

《汉书·卜式传》

注解

① 时：当时。
② 方事匈奴：正在与匈奴作战。
③ 输：捐献。
④ 助边：帮助国家捍卫边防。
⑤ 使使：派遣使者。
⑥ 习：通晓。

⑦ 仕宦：做官。

⑧ 岂：难道。

⑨ 言事：这里指告状申冤。

⑩ 亡：通"无"，没有。

⑪ 邑（yì）人：家乡人。

⑫ 贷：借钱。

⑬ 所居：居住的地方。

⑭ 从：服从。

⑮ 见冤：被冤枉。

⑯ 苟：如果是这样。

⑰ 诛：讨伐。

⑱ 愚：我，对自己的谦称。

⑲ 死节：为国家牺牲。

《汉书》作者班固

听老师讲

小家与大家

汉武帝时期,朝廷长期跟匈奴作战,国家财政紧张。卜式向汉武帝上书,表示愿意把一半的家产交给官府,帮助国家捍卫边防。武帝派使者去问他:"你是想做官吗?"卜式说:"我从小放羊,不熟悉官场的事,不愿做官。"使者问:"你是家里有冤屈,有话要对天子说吗?"卜式说:"我生来就不与人争斗,我借钱给贫穷的同乡,教导那些不善良的同乡,邻里人都愿听我的话,我怎么会有冤屈呢?"使者说:"如果是这样,你究竟想要什么呢?"卜式回答:"天子要讨伐匈奴,我认为有才能的人应该为国牺牲,有财产的人应该捐献家产,这样匈奴就可以被消灭了。"

陆游说,"位卑未敢忘忧国";顾炎武说,"天下兴亡,匹夫有责"。卜式只是一个普普通通的老百姓,可他义无反顾地以个人微薄的财力报效祖国的行为,实在令人感动。他用自己的行为,号召大家心系国家,为国出力,齐心协力消灭匈奴。他把自己的小家,融入了国家这个大家,把个人的命运紧紧地和国家的命运连在了一起。

　　精忠不分岗位,报国不论多少,我们个人的能力虽然有限,但只要我们把国家放在心中,尽己所能地为国出力,我们人人都是爱国英雄。

思想家顾炎武

满江红

岳 飞

怒发冲冠①,凭阑②处,潇潇雨歇。抬望眼,仰天长啸③,壮怀激烈④。三十功名尘与土,八千里路云和月⑤。莫等闲⑥,白了少年头,空⑦悲切。

靖康耻⑧,犹未雪⑨;臣子恨,何时灭!驾长车,踏破贺兰山缺⑩。壮志饥餐胡虏肉,笑谈渴饮匈奴血。待从头,收拾旧山河,朝天阙⑪!

注解
① 怒发冲冠:愤怒得头发直竖,顶着帽子。形容愤怒至极。
② 凭阑:倚着栏杆。
③ 啸:放声呼叫。
④ 壮怀激烈:情怀壮烈,激动不已。
⑤ 三十、八千:这里的"三十"和"八千"都是约数。
⑥ 莫等闲:不要随随便便地、轻易地(消磨时光)。
⑦ 空:没有结果地,白白地。

⑧ 靖康耻：宋钦宗靖康二年（1127），金兵攻陷汴京，掳走徽宗、钦宗二帝。
⑨ 雪：洗刷掉耻辱。
⑩ 踏破贺兰山缺：将贺兰山踏裂。
⑪ 天阙：宫殿前的楼观。

明朝岳飞庙

听老师讲

精忠报国的岳飞

这首词的大意是：我怒发冲冠，独自登高，倚着栏杆，风雨刚刚停歇。我抬头远望天空，一片高远辽阔，我不禁仰天长啸，情怀壮烈，激动不已。回首几十年风雨，功名利禄渺如尘埃，只有漫漫征途中的无数个日夜在记忆中永存。好男儿，不要随随便便消磨青春，否则，等到年老时，有再多的后悔伤悲，也没有用了。

靖康年间的奇耻大辱，至今还无法洗刷；作为臣子的痛心遗憾，何时才能泯灭！我要驾上战车，将那贺兰山踏裂。我要壮志满怀，谈笑风生，喝敌人的血，吃敌人的肉。我要收复旧日山河，向国家报告胜利的消息！

岳飞的这首《满江红》慷慨激昂，气壮山河，充满爱国激情，是传诵千古的名篇。

北宋末年，金兵入侵，北宋国土沦丧，国家处在危亡的边缘。岳飞从二十三岁起便参加了抗金部队。传说他离开家时，他的母亲在他背上刺下了"精忠报国"四个大字,于是"精忠报国"成为岳飞终生信奉和全力实践的信条。他一生赤胆忠心,心系国家,治军有术,在抵御金兵入侵的战争中屡建奇功,是名副其实的"常胜将军"。

在战争中,岳飞向来以身作则,直至最后一战也是如此。岳飞生前的最后一场战斗是郾(yǎn)城之战,当时形势危急,岳飞亲率骑兵冲到阵前。有人上前劝阻:"您如今是国家的重臣,您的生命安全关系到国家的安危,您千万不要轻视了敌人,也轻视了自己的生命啊!"岳飞毅然回答:"我这么做的原因,你是不懂的!"见到岳大帅和大家一起冲锋陷阵,士兵们受到深深的鼓舞,奋力拼杀,一直战斗到天黑,最终打得金兵狼狈逃窜。

岳飞坚持抗金,反对屈辱议和,最终却被昏庸的皇帝宋高宗和奸臣秦桧(huì)用"莫须有"(也许有)的罪名杀害。但是,历史不会忘记岳飞,世世代代的人们都深深地铭记着岳飞"精忠报国"的爱国精神和英勇事迹。

十一月四日风雨大作

陆 游

僵卧[1]孤村不自哀,
尚思为国戍轮台[2]。
夜阑[3]卧听风吹雨,
铁马[4]冰河入梦来。

注解

① 僵卧:挺直躺着。
② 戍轮台:守卫边疆。轮台,汉代西域地名,现在新疆轮台县。这里泛指北方的边防据点。
③ 夜阑:夜深。
④ 铁马:披着铠甲的战马。

听老师讲

心系祖国的陆游

这首诗的大意是：在孤寂荒凉的山村里，我躺在床上，身体僵直，却并不为自己感到悲哀，仍期盼着为国家守卫边疆。夜深了，我躺在床上聆听窗外的风雨声，迷迷糊糊中，梦见自己骑着披甲的战马，正踏过冰封的河流，奔赴北方的疆场。

陆游是中国古代最伟大的爱国诗人之一，他的许多诗篇都抒写了抗金杀敌的豪情，充满爱国主义激情。

陆游写作本诗时已六十七岁，闲居在故乡山阴（今浙江绍兴）。前两句，"僵卧"道出诗人年事已高，身体老迈僵直；"孤村"写他孤独地居住在乡下，与世隔绝。一"僵"一"孤"，展现了他处境的凄凉，可他为什么还"不自哀"呢？因为诗人的爱国之情让他不把个人的身体健康和居住环境放在心上，他仍在期盼着"为国戍轮台"，保卫边疆。

后两句描绘了一幅气概雄豪的景象：窗外风雨大作，老迈的诗人聆听着风雨，仍满心期待着为国效力，渐渐入梦……梦中，他又变得身强力壮，正意气风发地骑着披甲的战马，踏过冰封的河流，和同伴一起向北方疆场长驱直进；马蹄嗒嗒，战鼓隆隆，号角长鸣，旌旗飘展，报国激情在诗人心中燃烧，凌云壮志在诗人心中激荡，他浑身仿佛有使不完的力气，为能够报效祖国感到无比振奋。

中国古代像陆游一样的爱国诗人还有很多，比如战国时期的屈原，唐代的杜甫，南宋的辛弃疾、文天祥，明代的夏完淳等。他们用手中的笔，写出了他们忧国忧民的火热衷肠，为后世留下了无数荡气回肠的优秀诗篇，激励后人为爱国报国的崇高理想奋斗不息。

陆游手迹

博物文库

博物学经典丛书

1. 雷杜德手绘花卉图谱　　　　　　　　　　〔比利时〕雷杜德
2. 玛蒂尔达手绘木本植物　　　　　　　　　　〔英〕玛蒂尔达
3. 果色花香——圣伊莱尔手绘花果图志　　　　〔法〕圣伊莱尔
4. 休伊森手绘蝶类图谱　　　　　　　　　〔英〕威廉·休伊森
5. 布洛赫手绘鱼类图谱　　　　　　　　〔德〕马库斯·布洛赫
6. 自然界的艺术形态　　　　　　　　　〔德〕恩斯特·海克尔
7. 天堂飞鸟——古尔德手绘鸟类图谱　　　〔英〕约翰·古尔德
8. 鳞甲有灵——西方经典手绘爬行动物　　　　　　〔法〕杜梅里
　　　　　　　　　　　　　　　　　　　　　〔奥地利〕费卿格
9. 手绘喜马拉雅植物　　　　　　　　　　〔英〕约瑟夫·胡克
　　　　　　　　　　　　　　　　　　　　　〔英〕沃尔特·菲奇
10. 飞鸟记　　　　　　　　　　　　　　〔瑞士〕欧仁·朗贝尔
11. 寻芳天堂鸟　　　　　　　　　　〔法〕弗朗索瓦·勒瓦扬
　　　　　　　　　　　　　　　　　　　　　〔英〕约翰·古尔德
　　　　　　　　　　　　　　　　　　〔英〕阿尔弗雷德·华莱士
12. 狼图绘：西方博物学家笔下的狼　　　　　　　〔法〕布丰
　　　　　　　　　　　　　　　　　　　　〔英〕约翰·奥杜邦
　　　　　　　　　　　　　　　　　　　　　〔英〕约翰·古尔德
13. 缤纷彩鸽——德国手绘经典　　〔德〕埃米尔·沙赫特察贝
　　　　　　　　　　　　　　　　　　　　　　　　　　舍讷

博物画临摹与创作

1. 雷杜德手绘花卉图谱：临摹与涂色　　　　〔比利时〕雷杜德
2. 玛蒂尔达手绘木本植物：临摹与涂色　　　　〔英〕玛蒂尔达

3. 古尔德手绘喜马拉雅珍稀鸟类：临摹与涂色　〔英〕约翰·古尔德
4. 西方手绘珍稀驯化鸽：临摹与涂色　　　　〔德〕里希特 等
5. 古尔德手绘巨嘴鸟高清大图：装裱册页与临摹范本
　　　　　　　　　　　　　　　　　　　　〔英〕约翰·古尔德
6. 古尔德手绘极乐鸟高清大图：装裱册页与临摹范本
　　　　　　　　　　　　　　　　　　　　〔英〕约翰·古尔德
7. 古尔德手绘鹦鹉高清大图：装裱册页与临摹范本
　　　　　　　　　　　　　　　　　　　　〔英〕约翰·古尔德
8. 艾略特手绘极乐鸟高清大图：装裱册页与临摹范本
　　　　　　　　　　　　　　　　　　　　〔美〕丹尼尔·艾略特
9. 梅里安手绘昆虫高清大图：装裱册页与临摹范本
　　　　　　　　　　　　　　　　　　　　〔德〕玛利亚·梅里安
10. 古尔德手绘雉科鸟类高清大图：装裱册页与临摹范本
　　　　　　　　　　　　　　　　　　　　〔英〕约翰·古尔德
11. 利尔手绘鹦鹉高清大图：装裱册页与临摹范本
　　　　　　　　　　　　　　　　　　　　〔英〕爱德华·利尔

生态与文明系列

1. 世界上最老最老的生命　　　　　　〔美〕蕾切尔·萨斯曼
2. 日益寂静的大自然　　　　　　　　〔德〕马歇尔·罗比森
3. 大地的窗口　　　　　　　　　　　　〔英〕珍·古道尔
4. 亚马逊河上的非凡之旅　　　　　　〔美〕保罗·罗索利
5. 十万年后的地球：暖化的真相　　　〔美〕寇特·史塔格
6. 生命探究的伟大史诗　　　　　　　　〔美〕罗布·邓恩
7. 食之养：果蔬的博物学　　　　　　　〔美〕乔·罗宾逊
8. 种子与人类文明　　　　　　　　　〔英〕彼得·汤普森
9. 看不见的大自然：生命和健康的微生物根源
　　　　　　〔美〕大卫·R. 蒙哥马利　〔美〕安妮·贝克尔
10. 人类的表亲　　　　　　　　　　　〔法〕让－雅克·彼得
　　〔法〕弗朗索瓦·德博尔德

11.	东亚鸟类野外手册	〔英〕马克·布拉齐尔
12.	西布利观鸟指南	〔美〕戴维·艾伦·西布利
13.	"鸟人"应该知道的鸟问题	〔美〕劳拉·埃里克森
14.	鸟类的秘密生活	〔美〕罗杰·J.莱德勒
15.	狼与人类文明	〔美〕巴里·H.洛佩斯
16.	拯救土壤	〔美〕克莉斯汀·奥尔森
17.	大杜鹃:大自然里的骗子	〔英〕尼克·戴维斯
18.	向大自然借智慧:仿生设计与更美好的未来	〔美〕阿米娜·汗
19.	在人与兽之间	〔美〕蒙特·雷埃尔
20.	华东乡土植物	寿海洋、莫海波
21.	风吹草木动	莫非
22.	北京野花	杨斧 杨菁

自然博物馆系列

1.	蘑菇博物馆	〔英〕彼得·罗伯茨
		〔英〕谢利·埃文斯
2.	贝壳博物馆	〔美〕M.G.哈拉塞维奇
		〔美〕法比奥·莫尔兹索恩
3.	蛙类博物馆	〔英〕蒂姆·哈利迪
4.	兰花博物馆	〔英〕马克·切斯
		〔荷〕马尔滕·克里斯滕许斯
		〔美〕汤姆·米伦达
5.	甲虫博物馆	〔加拿大〕帕特里斯·布沙尔
6.	树叶博物馆	〔英〕艾伦·J.库姆斯
		〔匈牙利〕若尔特·德布雷齐
7.	毛虫博物馆	〔美〕戴维·G.詹姆斯
8.	鸟卵博物馆	〔美〕马克·豪伯
9.	蛇类博物馆	〔英〕马克·奥谢
10.	种子博物馆	〔英〕保罗·斯密斯
11.	病毒博物馆	〔美〕玛丽莲·鲁辛克

大美阅读

1. 彩绘唐诗画谱　　　　　　　　　　　（明）黄凤池
2. 彩绘宋词画谱　　　　　　　　　　　　（明）汪氏
3. 世界上最美最美的图书馆　　　〔法〕纪尧姆·德·洛比耶
　　　　　　　　　　　　　　　　　　〔法〕雅克·博塞

跟着名家读经典

1. 先秦文学名作欣赏　　　　　　　　　　吴小如 等
2. 两汉文学名作欣赏　　　　　　　　　　王运熙 等
3. 魏晋南北朝文学名作欣赏　　　　　　　施蛰存 等
4. 隋唐五代文学名作欣赏　　　　　　　　叶嘉莹 等
5. 宋元文学名作欣赏　　　　　　　　　　袁行霈 等
6. 明清文学名作欣赏　　　　　　　　　　梁归智 等
7. 中国现当代诗歌名作欣赏　　　　　　　　谢冕 等
8. 中国现当代散文戏剧名作欣赏　　　　　余光中 等
9. 中国现当代小说名作欣赏　　　　　　　陈思和 等
10. 外国诗歌名作欣赏　　　　　　　　　　　飞白 等
11. 外国散文戏剧名作欣赏　　　　　　　　　方平 等
12. 外国小说名作欣赏　　　　　　　　　　　萧乾 等